Arno Pötzsch · Sagt, dass die Liebe allen Jammer heilt

Arno Pötzsch

Sagt, dass die Liebe allen Jammer heilt

Geistliche Lieder und Gedichte

Mit einer Einführung in Leben und Werk
herausgegeben von Detlev Block

Edition Anker

ABCteam-Bücher erscheinen in folgenden Verlagen:

Aussaat Verlag Neukirchen-Vluyn
R. Brockhaus Verlag Wuppertal und Zürich
Brunnen Verlag Gießen und Basel
Christliches Verlagshaus Stuttgart
Oncken Verlag Wuppertal und Kassel

Die Deutsche Bibliothek - CIP-Einheitsaufnahme

Pötzsch, Arno:
Sagt, dass die Liebe allen Jammer heilt : geistliche Lieder und Gedichte /
Arno Pötzsch. Hrsg.: Detlev Block. - Stuttgart : Christl. Verlagshaus, 2000
   (Edition Anker : Biografie)
   (ABC-Team)
   ISBN 3-7675-1210-6

© 2000 Edition Anker im Christlichen Verlagshaus GmbH, Stuttgart
Umschlaggestaltung: Dieter Betz, Friolzheim
Gesamtherstellung: Druckhaus West GmbH & Co. KG, Stuttgart
Schrift: Optima
ISBN 3-7675-1210-6

Inhalt

Grußwort

Am 23. November 2000 wird Arno Pötzsch 100 Jahre alt.

Da wird es höchste Zeit, dass Lieder und Texte von ihm wieder einer breiteren Öffentlichkeit zugänglich gemacht werden. So freuen wir Cuxhavener uns über die neue Textsammlung „Sagt, dass die Liebe allen Jammer heilt".

Hier in Cuxhaven ist die Erinnerung an Arno Pötzsch sehr lebendig. Die, die ihn gekannt haben, erzählen von ihm. Sie sprechen von seiner eindrucksvollen Persönlichkeit. Aber auch seine Gottesdienste, sein Unterricht, seine Hausbesuche sind unvergessen. Er hat Spuren in den Herzen der Menschen hinterlassen. Und er hat Worte hinterlassen, die weitergegeben werden, wenn Menschen Trost brauchen.

Es ist gut, dass mit dieser neuen Ausgabe seiner Texte mehr Menschen von Arno Pötzschs Worten erreicht und getröstet werden.

Almuth von der Recke
Superintendentin in Cuxhaven

Arno Pötzsch – Einführung in Leben und Werk

Zu dieser Textsammlung

Am 23. November 2000 jährt sich der Geburtstag des Marine- und Gemeindepfarrers Arno Pötzsch (1900–1956), der durch seine geistlichen Lieder und Gedichte in der deutschsprachigen evangelischen Christenheit weithin bekannt geworden ist, zum hundertsten Mal. Aus diesem Anlass erscheint die vorliegende umfassende Auswahl aus seinen Lied- und Gedichttexten mit einem biografischen Porträt und bibliografischen Angaben. Der Titel stammt aus dem Vermächtnisgedicht „Letzte Bitte" von Arno Pötzsch und bringt auf bewegende Weise die Summe seines Glaubens und Lebens zum Ausdruck. Von den insgesamt etwa 400 Lied- und Gedichttexten (die zahlreichen kürzeren Tischgebete nicht mitgezählt) des Dichterpfarrers, die in den verschiedenen Buchausgaben im Laufe der Jahre veröffentlicht wurden, ist hier etwa die Hälfte versammelt, die für das Schaffen von Arno Pötzsch besonders charakteristisch sind und die über die vergangenen Zeiten hinaus ihren Aussage- und Bekenntniswert erhalten haben. Darunter sind einige ausgewählte Gedichte von Arno Pötzsch aus seinem Nachlass, die hier zum ersten Mal publiziert werden. Den Familienangehörigen des Autors, vor allem der Tochter Sabine Schipper-Pötzsch in Bad Rothenfelde, sei herzlich dafür gedankt, dass sie diese Texte aus ihren privaten Unterlagen für die Veröffentlichung zur Verfügung gestellt haben. Mit dieser Textsammlung, die die Lieder und Gedichte nach acht Themen angeordnet hat, ist das Wichtigste und Schönste aus dem Werk des Cuxhavener Marine- und Gemeindepfarrers wieder zugänglich. Pfarrerinnen und Pfarrer, Kirchenmusikerinnen und Kirchenmusiker sowie alle, denen die Gestaltung von Gottesdiensten und Andachten aufgetragen ist, werden sich anhand dieser Sammmlung schnell orientieren können, was für Lieder von Arno Pötzsch sich auch außerhalb vom Stammteil des Evangelischen Gesangbuches (EG) in den verschiedenen Regionalausgaben und sonstigen Liederbüchern finden, so dass ihr Gebrauch über die landeskirchlichen Grenzen hinweg möglich wird. Nicht zuletzt können die hier ausgewählten Lied- und Gedichttexte Anregungen für die persönliche Besinnung und die stille Andacht daheim geben oder aber sich zum Zitat und Vortrag bei Feier und Meditation heranziehen lassen. Mehr und mehr wird heute bis in gottesdienstliche Praxishilfen hinein die Bedeutung des poetisch geformten Wortes und Bekenntnisses erkannt, sowohl in der evangelischen als auch in der katholischen Literatur, ökumeneweit. Und in all der sich verfestigenden Orientierungslosigkeit und Werteverschleuderung unserer Gegenwart kann ein biblisch gesättigter Vers, ein sich reimendes Kurzbekenntnis nicht nur das Gedächtnis des Herzens stärken, sondern auch einer positiven Klimaveränderung der Umwelt dienlich sein. Es ist eine Stärke der Verse von Arno Pötzsch, dass sie kurz und summarisch das Vertrauen und die Ermutigung aussprechen, wie sie die christliche Botschaft schenkt. Ein gutes Beispiel dafür ist das Gesangbuchlied von Arno Pötzsch „Du kannst nicht tiefer fallen als nur in Gottes Hand" oder ein Herz und Gemüt stabilisierender Gedichtvers wie dieser, der im Gesangbuch der Ev.-reformierten Kirche in der Schweiz steht:

> Ich wag mein Leben und den Tod
> allein in deinem Namen.
> Du bist trotz aller Erde Not
> in Zeit und Ewigkeit mein Gott,
> und ich bin dein, Herr. Amen.

Das ist wohltuend klar und unmissverständlich, geradezu von plakativem Mut, Farbe zu bekennen, wie er selten geworden ist. Das ist Vollwertbrot, nach dem unsere Seele schreit. So sei allen, die mit diesen Liedern und Gedichten umgehen, manche Wiederbegegnung mit Vertrautem, aber eben auch manche überraschende Neuentdeckung gewünscht!

Wege und Umwege in der Jugend

Arno Pötzsch wurde am 23. November 1900 in Leipzig als Sohn des Angestellten und Verkäufers Oskar Pötzsch und seiner Ehefrau Auguste Pötzsch, geb. Oesterlein, geboren. Seine Mutter stammte aus dem Thüringer Wald und kam als Albertiner-Schwester nach Leipzig. Arno Pötzsch wuchs in einem einfachen Elternhaus und in einer politisch und wirtschaftlich unruhigen und wechselhaften Zeit auf, der Zeit des Ersten Weltkrieges. Der Vater, gebürtiger Leipziger, trat nach dem Besuch der Armenschule in das Leinenhaus Friedrich & Lincke ein, wo er bis zu seinem Tod tätig war. Er starb im Alter von 63 Jahren, als der Sohn Arno 16 und seine Schwester Maria Magdalene 17 Jahre alt waren, und hinterließ eine wirtschaftlich unversorgte Familie. Da der Vater die Bedingungen der noch jungen Angestelltenversicherung nicht erfüllt hatte, bestand kein Versorgungsanspruch. Eine soziale Verpflichtung kam aus der Sicht des Arbeitgebers nicht in Frage. „So wurde meinem Vater außer den Blumen, die seinen Sarg schmückten, und dem Ehrenzeichen für Treue im Beruf, das er uns hinterließ, kein Dank", erzählt der Sohn. Arno Pötzsch hat in Erinnerung an seinen Vater das Gedicht „Ich sah als Kind dich ernst des Weges gehen" geschrieben, in dem er von dessen Liebe zum Gesangbuch spricht, das seinem Vater stets ein treuer Begleiter war, ein Lebens- und Stärkungsbuch, aus dem er sang und betete. In Anerkennung der christlichen Erziehung, die ihm seine Eltern mitten in aller Kargheit und Armseligkeit des Lebens mitgaben, hat der Liederdichter ihnen später den Band mit Tischgebeten und Tischgesängen „Gottes Gabe täglich Brot" gewidmet und schreibt im Vorwort: „Mit diesem Büchlein möchte ich meinen Eltern, die mich die Ehrfurcht vor dem täglichen Brot und vor allen Gottesgaben gelehrt haben, ein schlichtes Mal des Dankes setzen." Seine Mutter, die nach dem Tod des Mannes als Schwester im Lazarett arbeitete und nach dem Ende des Ersten Weltkrieges Bahnhofsdienst für heimkehrende Soldaten verrichtete und Nachtwachen im Krankenhaus übernahm, starb 1936 in Chemnitz und wurde auf dem Johannesfriedhof in Leipzig in der Grabstätte ihres Mannes beigesetzt. Zehn Jahre später, im Juni 1946, verlor Arno Pötzsch auch seine Schwester Maria Magdalene, an der er sehr hing. Sie starb an den Folgen von Typhus in Cuxhaven, wo sie, obdach- und heimatlos geworden, Zuflucht gesucht hatte. Ihr widmete er das bewegende Sonett: „Nun hat der Tod dich jäh hinweggenommen,/ du schöne Blume, aus dem vollen Leben." So begegnete der Tod dem Liederdichter vielgestaltig auch im eigenen Lebenskreis und forderte ihn durch die vielen Fragen, die er in ihm auslöste, zur Antwort heraus.

Die Jugend und die Suche nach Arbeit und Geborgenheit standen für Arno Pötzsch, bedingt durch die kargen finanziellen Möglichkeiten der Familie, die unruhigen Zeitverhältnisse und zum Teil auch durch vorübergehende Krankheit unter einem ungünstigen Stern. Es beeindruckt ungemein, wie der junge Pötzsch seinen Weg durch Hin und Her, Kreuz und Quer, Auf und Ab zu finden und zu gehen versuchte und dabei manchen Wunschtraum begraben musste. Gern wollte er

Lehrer werden, besuchte bis zum 14. Lebensjahr die Volksschule und ab Ostern 1915 das Lehrerseminar in Bautzen. Bereits im zweiten Ausbildungsjahr musste Pötzsch wegen Krankheit die Lehrerausbildung abbrechen. Aber wenigstens doch der Beruf des Zeichenlehrers schien ihm danach erstrebenswert zu sein, denn Zeichnen und Malen war seine Begabung. Unter großen finanziellen Opfern ermöglichte der Vater ihm den Besuch der Kunstakademie in Leipzig. Da machte der plötzliche Tod des Vaters einen Strich auch durch diesen Plan. So musste Arno Pötzsch nun von heute auf morgen als Fabrikarbeiter in die Granatenfabrik. Der sensible junge Mann, der sich vergeblich danach sehnte, die Höhere Schule besuchen zu können, muss unter der mechanisierten, entseelten Tempoarbeit an der Geschossdrehbank und unter dem Bewusstsein, durch Tötungswaffen Geld zu verdienen, innerlich sehr gelitten haben. Auch die hautnahe Begegnung mit den Problemen des Arbeiterstandes hat ihn nachhaltig beeinflusst. 1917 ging er als Kriegsfreiwilliger zur Marine, wobei Armut und Unversorgtheit diesen Schritt fraglos mitbegründeten. Gemeinschaft und Kameradschaft, Seeluft und Marinetraining ließen seine gesundheitlichen Kräfte endlich wachsen und sich entfalten. Nach einem Jahr brach die Revolution aus, und nach der Entlassung aus der Marine 1919 stand Arno Pötzsch wiederum vor dem Nichts. In einem Brief vom 19. Februar 1944 schreibt er an Walther Baudert in Herrnhut über jene schwere Zeit: „Dann ging ich in den Krieg, Kriegsfreiwilliger bei der Marine, Fahrtzeit an Bord eines Kriegsschiffs. Revolution. Was nun? Wohin? Ohne Geld, dazu Inflation. Da wurde ich Landarbeiter. In Leipzig wurde ein Religionslehrerseminar eröffnet. Dort verzweifelte ich nach einem Jahr unter schweren inneren Konflikten…" Es gehört zu den „gnädigen Führungen" im Leben von Arno Pötzsch, dass er gerade in dieser Zeit der Lebenskrise Verbindung bekam zur Brüdergemeine in Herrnhut. „Jemand brachte mich nach Herrnhut, zu Geschwister Winter, wo ich in der Setzerei arbeitete. Noch lange, lange fand ich mich nicht zurecht, aber ich hatte eine Heimat gefunden", erinnert sich der Liederdichter. Der ernsthafte junge Mann erhielt in Kleinwelka bei Bautzen eine Vertrauensstelle als Erzieher. Er hatte sich im dortigen Erziehungsheim um die älteren Jungen zu kümmern. Das lag ihm und ließ ihn seine Fähigkeiten entwickeln. Nach einem erneuten kurzen Zwischenspiel beim Heeresdienst und dem anschließenden Erwerb der mittleren Reife im Bautzener Seminar (des so genannten „Einjährigen") besuchte Pötzsch von 1925 bis 1927 das Missionsseminar in Herrnhut und erreichte den Abschluss mit Erfolg. Der Direktor des Missionsseminars hatte ihm durch persönliche Zusprache Mut zu diesem Schritt gemacht. Arno Pötzsch schreibt in seinem Lebenslauf, den er zusammen mit seiner theologischen Prüfungsarbeit der Universität Leipzig 1934 vorlegte: „Von mir aus hätte ich diesen Schritt nicht tun können, da die alten religiösen Fragen und Zweifel noch immer unbeantwortet waren. Oft war ich versucht, aus dem Frieden der frommen Gemeinde zu flüchten, in der als ein Fremder und Zweifler zu leben mir eine Qual war. Ja, ich war versucht, mit der Kirche überhaupt zu brechen. Als ich in die Missionsschule eintrat, war mein Ziel die soziale, die fürsorgerische Arbeit. Zunehmend hatten mich Fragen des sozialen Lebens beschäftigt und beunruhigt, und immer deutlicher wurde mir nun der Weg gewiesen. Obgleich mich religiöse und theologische Fragen – und die sozialen sind ihnen ja überaus verwandt – unausgesetzt aufs tiefste bedrängten und erschüttert hatten, durfte ich es doch nicht wagen, kirchliche Arbeit zu tun, ja, ich glaubte, dass ich niemals in den Dienst der Kirche treten könnte und dürfte. Und doch bin ich dann diesen Weg gegangen, weil ich ihn gehen musste." Arno Pötzsch musste durch viel Fragen, Zweifeln und Suchen hindurch, ehe er sich später für die Theologie entscheiden konnte. In der Zeit nach dem Ersten Weltkrieg war weltanschaulich, gesellschaftlich-sozial und auch kirchlich so viel im Umbruch, dass es gerade einem gebrannten Kind wie Arno Pötzsch schwerfallen musste, sich geistig und geistlich zu orientieren. Rückblickend bekennt er: „Freilich erst im dreißigsten Lebensjahr gingen mir die Augen dafür auf, dass man auch heute, im zwanzigsten Jahrhundert, als ganz moderner, weltoffener Mensch in Wahrheit ein Christ sein und mit gutem Gewissen auf dem Boden der Kirche stehen kann."

Nach der Ausbildung für kirchliche Gemeindearbeit in Herrnhut, mit bester Note übrigens, und erneuter Tätigkeit im Knabenschulheim in Kleinwelka konnte Arno Pötzsch endlich die Ausbildung und den Abschluss als Fürsorger erreichen, wiederum mit sehr gutem Ergebnis, und in Wohlfahrtsämtern in Zittau und Leipzig sowie als Gerichtshilfe an den Halleschen Gerichten tätig werden. Tief beeindruckte ihn die Begegnung mit straffälligen und gefangenen Menschen. Schließlich arbeitete er im Görlitzer Jugendamt und als Leiter von Heimgemeinschaften für jugendliche Erwerbslose in Leipzig.

Der Theologiestudent und junge Pfarrer

Nun aber war die Zeit reif geworden für die Wendung zur Theologie. Sicher werden Arno Pötzsch dabei die Erfahrungen mitmotiviert haben, die er im Umfeld von Herrnhut machte. Die schlichte und zugleich natürlich-fröhliche Art, in Herrnhut den Christenglauben zu leben und mit dem Alltag auf glaubwürdige Weise zu verbinden, haben letztlich doch bleibenden Eindruck auf ihn gemacht. Vor allem aber waren es folgende Zusammenhänge, die für Arno Pötzsch den Ausschlag gaben: „Hatten mich einst religiöse Fragestellungen auf die sozialen Probleme hingewiesen, so wiesen mich nun umgekehrt die sozialen Fragen unausweichlich auf die Religion, auf die Kirche hin. In der Religion – im Christentum – erkannte ich den Anspruch und die Kraft, das Lebensproblem, das Gesamtproblem des Daseins, die Sinnfrage und damit auch die sozialen Probleme zu meistern, und in der Kirche konnte ich nun die Größe erkennen, die die Verantwortung dafür trägt, dass auf der Erde der Sinn, der Wille Gottes erfüllt werde. Jetzt war es mir erlaubt, nun aber auch geboten, auf dem Boden der Kirche zu arbeiten. Da ich den Pfarrer der Gemeinde vor anderen gerufen sah, das zu verwirklichen, was ich an Aufgaben und Möglichkeiten erkannt hatte, musste ich Theologie studieren, wenn ich an dieser Stelle arbeiten wollte."

Aber zwischen dem Wunsch, Theologe zu werden, und seiner Verwirklichung lagen für Arno Pötzsch Welten. Zäh und geduldig hat er sie durchschritten, um ans Ziel zu kommen. Zunächst musste die Schulbildung bis zur Hochschulreife nachgeholt werden, und zwar neben der Arbeit im Beruf. Dann mussten die drei alten Sprachen gelernt werden, die für das Theologiestudium Grundlage sind: Latein, Griechisch und Hebräisch. Schließlich kamen das Universitätsstudium und die Ausbildung im Vikariat und Predigerseminar mit den Examina an die Reihe. Während dieser Zeit entstanden die ersten ernsthaften Gedichte und Lieder von Arno Pötzsch, aus Freude über den Weg Gottes mit ihm und auch aus Freude an der sprachlichen Mitteilung. Diese Verse, die auf schlichte Weise Erfahrungen mit Gott und mit dem Glauben zum Ausdruck brachten und sich dabei ganz an Bibel, Kirchenjahr und Schöpfung hielten, sprachen viele Menschen an. Sie wurden von Hand zu Hand weiterverbreitet und abgeschrieben oder auch hier und da in Zeitungen und Zeitschriften gedruckt. Viele verstanden diese klaren Glaubenszeugnisse auch als Hilfs- und

Kraftquellen in schwerer Zeit; denn längst wurde der Kirchenkampf des Dritten Reiches geführt, in dem die Wahrheit des christlichen Glaubens auf dem Spiel stand. An der Botschaft der Bibel gesättigte Bekenntnisse wie diese, die vielfach nur handschriftlich umliefen, konnten ihre klärende Wirkung im Kleinen nicht verfehlen. Wie es zu diesen Gedichten kam, schildert Arno Pötzsch einmal selber. 1953 schreibt er in der Zeitschrift „Jugend unter dem Kreuz", herausgegeben von Johannes Busch sen.:

„In jenen Jahren des Studiums und des ersten Pfarramts aber kam auch das andere: Ich musste schreiben, Gedichte und Lieder, von Gott und von Menschen, von Not und Verheißung, von Gottes Kampf um diese Welt. Es waren nicht die ersten Verse. Früher schon war in mir eine Liebe zur deutschen Sprache, eine Freude am Wohlklang der Sprache, aber ich wagte dem Drängen nach Gestaltung nicht nachzugeben; wie sollte ein armer Junge ein Gedicht vorbringen? Erst später und selten hielt ich ein paar Verse fest. Aber nun musste ich schreiben, aus der Zeit geborene Notlieder der Kirche und anderes."

Zu seinem Theologiestudium, das Arno Pötzsch von 1930 bis 1935 an der Universität in Leipzig absolvierte – im Verzeichnis seiner Vorlesungen und Übungen stehen Professorennamen wie Leipoldt, Oepke, von Rad, Alt, Begrich, Achelis, Jeremias, Sommerlath und Dedo Müller –, gibt es zwei bedeutsame Äußerungen des Dichters, die von grundsätzlichem Interesse sind. In der Skizze „Mensch in Gottes Fährte" notiert er: „…aber ich habe den gewaltigen Berg des Lernens, der Sprachen, des Universitätsstudiums und aller Prüfungen bewältigen dürfen, hellwach und doch wie ein Träumender, geführt von einem Tag zum anderen, jeder Tag hatte seine eigene Plage und jeder seine eigene Gabe." Dieses geduldige, schrittweise Denken, dieses Müssen, als Dürfen verstanden, war kennzeichnend für vieles im Leben von Arno Pötzsch. Und in seiner Kurzvita zum theologischen Examen führt er aus: „Wenn ich jetzt am Ende meines theologischen Studiums stehe, habe ich doch nicht das Gefühl, am Ende zu stehen, sondern am Anfang. Wie schon so oft, so ist es mir auch jetzt wieder gegangen: Je tiefer ich in eine Sache eindrang, um so weiter und tiefer wurde sie mir. Das Studium hat mich die theologischen Fragestellungen deutlicher erkennen lassen, es hat mich die geheimnisvolle Tiefe des Christentums und Sinn und Bedeutung der Kirche erneut und verstärkt ahnen lassen, es hat mir Wegweisung im Gesamtbereich der Theologie mitgegeben und mir viele Fragen aufgegeben. Alle

Arbeit liegt vor mir." Das Theologiestudium als Orientierungshilfe im Glauben und Leben – so hat es der Pfarrer und Liederdichter Arno Pötzsch erfahren und bezeugt.

Während seiner Ausbildung zum Fürsorger lernte er seine Frau kennen, die den selben Beruf erlernte wie er: Helene Bosse aus Danzig. Sie heirateten 1930 und bekamen vier Töchter: Kathrin, Christiane, Sabine und Renate. Helene Pötzsch blieb anfänglich in ihrem Beruf, um ihrem Mann dadurch finanziell das Studium zu ermöglichen.

Helene Pötzsch, geb. Bosse

Stipendien und die Aufnahme in die „Studienstiftung des deutschen Volkes" 1933 sicherten die wirtschaftliche Grundlage des Theologiestudenten mit.

Im Frühjahr 1935 war es dann soweit: Arno Pötzsch wurde Seelsorger und bekam seine erste Pfarrstelle in der sächsischen Dorfgemeinde Wiederau bei Rochlitz. Ein Jahr später wurde er dort zum Pfarrer ordiniert. Ein Traum, an dessen Verwirklichung er selber tapfer mitgearbeitet hatte, war damit in Erfüllung gegangen. Er bezeugt:

Arno Pötzsch als junger Pfarrer in Wiederau 1937

„Mein Leben mit all seinen vielleicht wirr erscheinenden Wegen ist doch zutiefst einheitlich. Nichts, auch keine der bitteren Erfahrungen, dürfte darin fehlen. Und dieses Leben ist, wenn ich es recht deute, ein langer, steter, gottgeführter Weg hin zur Theologie, zu der dem Theologen in unserer Gegenwart gestellten Aufgabe."

Nun aber fand sich der fast Vierzigjährige inmitten des Kirchenkampfes zwischen der Bekennenden Kirche und der Bewegung der so genannten Deutschen Christen des Dritten Reiches. Sosehr Arno Pötzsch sein deutsches Land und Volk und seine Kultur liebte, sosehr trat er für den einen wahren Christusglauben ein.

In seinem Lied „Herr Christ, du stürmst im Lande" heißt es in der vierten Strophe:

> Herr Christ, woll uns nicht lassen!
> Wenn dich das Volk verlässt,
> verwirrt vom Schrei der Gassen,
> wollst du uns fester fassen!
> Herr, halt dein Deutschland fest!

In der Kirchengemeinde in Wiederau entwickelten sich Spannungen zwischen überzeugten Nationalsozialisten und dem bekenntnistreuen Gemeindepfarrer. Im Kirchenvorstand gab es einen solchen „Nazispitzel", der bereit war, bei dem geringsten Anlass negative Meldungen über den verdächtigen Pfarrer weiterzugeben. Arno Pötzsch, der sich schon in seiner Predigt zum ersten theologischen Examen kritisch zur kirchenpolitischen Lage geäußert hatte, war ein leidenschaftlicher Ausleger des ersten Gebotes und wagte es immer wieder, gegen die verführerischen Strömungen der Hitlerzeit das unverfälschte volle Evangelium zu verkünden. Da er weder als Mensch noch als Soldat ein Feindbild kannte und ein geschärftes Gewissen für Unrecht und Unmenschlichkeit besaß, brachte er sich selbst in manche Gefährdungen, die ihm ohne Fürsprache gewichtiger Freunde leicht zum Verhängnis hätten werden können. So kam es ihm nicht ungelegen, als er auf Grund seiner früheren Erfahrungen als junger Marinesoldat als Pfarrer der Marine angefordert wurde.

Marinepfarrer und Liederdichter

Auf Vorschlag des Feldbischofs Dr. Dohrmann wurde Arno Pötzsch bereits zu Beginn des Jahres 1938 als Marinepfarrer nach Cuxhaven berufen. Seelsorgerlich zuständig war er nicht nur für den Nordsee-standort Cuxhaven, sondern auch für alle holsteinischen Küstenorte und die Insel Helgoland. In der evangelischen Garnisonkirche, einem 1911 eingeweihten mächtigen Ziegelbau mit einem hohen, weit über Land und See hinausragenden Turm, hatte der Cuxhavener Marine-pfarrer nicht nur die Militärgemeinde zu betreuen, sondern darüber hinaus auch seelsorgerliche Pflichten bei der Zivilgemeinde, die in der Garnisonkirche Gastrecht genoss.

Garnisonkirche und Pfarrhaus in Cuxhaven

Im September 1939 brach der Zweite Weltkrieg aus, 1940 wurde Holland von der deutschen Wehrmacht besetzt. Arno Pötzsch wurde als Marineoberpfarrer nach Holland abkommandiert und hatte nun, im Range eines Offiziers, das große Gebiet von Holland und dazu einen Teilbereich von Belgien zu betreuen. Oft war er im Auto unter-wegs, um die zerstreut stationierten Soldaten aufzusuchen, mit ihnen Gottesdienste zu feiern und sie seelsorgerlich zu beraten und zu trös-ten. Vielfach waren es Wege in die Lazarette und in die Gefängnisse, zu den standrechtlich zum Tode Verurteilten und ihren Angehörigen, aber auch schwere Gänge auf Soldatenfriedhöfe. Das Erledigen der Dienstpost und die persönliche Korrespondenz mit Angehörigen von Gefangenen, Verurteilten und Gefallenen nahmen seine Zeit so sehr in Anspruch, dass darüber private Post und Kontakte fast zum Erliegen kamen. Im Vorwort zu seinem Gedichtband „Von Gottes Zeit und Ewigkeit" schreibt er im Blick auf diese Zeit: „Seit Jahren durch einen umfangreichen Dienst an Lebenden und Toten bis an die Grenzen der Kraft beansprucht, habe ich jeglichen außerdienstlichen Briefwechsel, auch den mit nächsten Freunden, aufgeben müssen. Aus diesem Notstand der unfreiwillig abgerissenen Verbindungen aber erwuchs mir der Wunsch, die vielen, die meinen Weg gekreuzt oder ihn eine Zeit lang begleitet hatten, wieder zu grüßen. Dieses Lebenszeichen sollte ganz persönlich sein und doch nicht im Zeitbedingten, das uns bewegt, erregt und belastet, steckenbleiben."

Gedichte, gereimte Glaubensbekenntnisse als Gruß und Trost, zuerst sich selbst zugesprochen, um das Geschehen aushalten zu können, dann aber auch den Angehörigen von Hingerichteten oder Gefallenen mit in die Briefe gelegt – so sind viele Verse von Arno Pötzsch mitten im Krieg entstanden. Mittragender Trost in allem war für den dichtenden Marinepfarrer der Dennoch-Glaube an Gott und an Christus, die Heilige Schrift und darin vor allem die beiden Psalmen 23 (Der Herr ist mein Hirte) und 112 (Wohl dem, der seinen Herrn fürchtet) und die innige Verbundenheit mit seiner Frau und dem Viermädelhaus daheim. Hinzu kamen seltene Stunden des Lesens – ein holländischer Buchhändler erfüllte ihm manche Lesewünsche – und des Klavierspiels. Beglückend für Arno Pötzsch war in dieser schweren Zeit auch sein Kontakt zu dem Organisten Jacques Beers in Amsterdam, mit dem er 1941 eine erste Reihe seiner vertonten Gedichte unter dem Titel „Singende Kirche" herausbrachte. In Den Haag, dem Sitz der „Singenden Kirche" der deutschen evangelischen Gemeinden, übernahm Arno Pötzsch gelegentlich den Sonntagsgottesdienst.

Wie ernst und gewissenhaft er seine seelsorgerliche Aufgabe nahm, wie sehr er aber auch unter ihr gelitten hat, zeigt die Äußerung von Sabine Schipper-Pötzsch: „Ich weiß von unserer Mutter, dass unser Vater bis zu seinem Lebensende Jahr für Jahr den Angehörigen der etwa 200 Exekutierten, die er hatte begleiten müssen, zum Sterbetag geschrieben hat. Unsere Mutter erzählte mir aber auch, dass unser Vater nach dem Krieg nachts immer wieder laut aufgeschrien habe, weil ihn die Erlebnisse bis in den Schlaf verfolgten und nicht losließen." Besonders die Begleitung von Soldaten, die oft aus nichtigen Gründen zum Tode verurteilt waren, hat ihn die Grausamkeit der Welt und die Einsamkeit des Menschen erkennen lassen. Nur der Glaube und das Gebet haben ihm nach seinem eigenen Zeugnis Kraft für sein schweres Amt gegeben. Dabei sind ihm Gebete zu Gedichten geworden und Gedichte zu Gebeten.

Anfang 1945 schrieb Arno Pötzsch im Vorwort zu einem Gedichtband: „Wir sind im Kriege und wissen heute nicht, ob wir morgen noch grüßen können, und nicht, ob wir uns wiedersehen. Mancher Soldat trägt einen längst geschriebenen Abschiedsbrief und Abschiedsgruß bei sich – für alle Fälle." Später, bei einer Neuauflage nach dem Krieg, heißt es zum Geleit derselben Texte: „Wir wissen und haben es in diesen Zeiten gefährlichen Lebens an den Abgründen wieder gelernt, dass wir nicht nur im Kriege, sondern immer und auf aller Wegfahrt media vita in morte sumus (= mitten im Leben vom Tod umfangen sind) und dass wir sub specie aeternitatis (= im Lichte der Ewigkeit) unsere Straße wandern." Damit ist das geistliche Motto aller Gedichte und Lieder von Arno Pötzsch umrissen: Es sind in aller Schlichtheit Glaubensbekenntnisse für den Ernstfall, der auf verborgene Weise immer gegenwärtig ist. Bewegend ist das Sonett Nr. XII von Arno Pötzsch aus eben der hier gemeinten Sammlung „Von Gottes Zeit und Ewigkeit", das er seinen Töchtern Kathrin, Christiane, Sabine und Renate in schwerer Zeit gewidmet hat:

„Dir ist, mein Kind, dein Vater kaum bekannt."

Arno Pötzsch als Vater und Mensch

Liebevoll stellte Arno Pötzsch seine Töchter gern als seine „four daughters" oder als seine „vier Maidlein" vor. Die Töchter erinnern sich dankbar an die erzieherischen Lebenswerte, die ihnen der Vater, allein schon durch das gelebte Vorbild, vermittelt hat. Dazu gehörte die Ehrfurcht vor der Schöpfung Gottes, von Steinen, Pflanzen und Tieren angefangen über das Geheimnis des Menschen bis hin zum großen Universum, in die er sie bei Spaziergängen, in Gesprächen oder durch Vorlesen pädagogischer Geschichten engagiert und sachkundig einführte. Er, der einer verletzten Kröte das Bein schienen

konnte, einer Spinne das Leben rettete („Komm her, mein Kerlchen!")
oder einer sterbenden Katze beistand, war ein Bruder der Geschöpfe
und hielt Tierquälerei für eins der entwürdigensten Kennzeichen eines
verfehlten Menschentums. Achtung vor dem Menschen, Respekt auch
vor einer anderen Konfession oder Religion waren Zentrum seiner
Lebensauffassung, die er, indem er sie praktizierte, auf natürliche
Weise vermittelte. Auch als Soldat hatte er kein Feindbild. Unter den
Holländern, von denen viele auf Grund der Nazizeit noch lange ein
gebrochenes Verhältnis zu den Deutschen hatten, hat Arno Pötzsch
viel Gutes getan und erntete dafür Dank und Liebe. „Vati gibt sein
Essen teilweise an holländische Kinder weiter", erzählte die Mutter
den Töchtern. Während Arno Pötzsch beim älteren Menschen gelegentlich eine erschreckende seelische Altersarmut feststellte – „Es ist
in der Jugend nichts gesammelt worden, und die Scheunen des Lebens
sind leer geblieben"! – und es auf der anderen Seite gesellschaftlich
anmahnte, dass die Welt es wieder lernen müsse, das Alter zu achten,
beunruhigte ihn bei der jungen Generation wachsende Rücksichts-
losigkeit, mangelnder Gemeinsinn und Desinteresse an sinngebenden
Werten – beides Beobachtungen, die leider nach wie vor vielfach
aktuell geblieben sind. Von Albert Schweitzers Vorbild erfüllt, war
Arno Pötzsch das ganzheitliche Heilen des Menschen mit Körper und
Seele wichtig. Seine Bemühung um die soziale Komponente des
Lebens, die ihm aus seiner fürsorgerischen Tätigkeit heraus groß
geworden war, hatte für ihn theologischen Rang. Umgekehrt besaßen
Wort und Zuspruch des Evangeliums für ihn fürsorgerischen
Charakter, der bis ins Leibliche hinein griff. Die Trias Theologie –
Medizin – Kunst, wiederum bei Albert Schweitzer gelernt, bedeutete
für Arno Pötzsch lebenslang Richtung und Wegzeichen bei der Arbeit
am Menschen. Bei den Töchtern sind die Familienfeste, das gemein-
same Musizieren, das Flöten und Singen auf den Stationen des
Krankenhauses oder bei Altengeburtstagen in der Gemeinde in blei-
bender Erinnerung. Im Konfirmandenunterricht stellte Arno Pötzsch
die Bibel als ein Buch der Bilder und Gleichnisse den Mädchen und
Jungen vor, als eine lebendige Summe vieler und auch unterschiedlicher Erfahrungen der Menschen mit Gott. Diese Lebenserfahrung von
früher galt es als Lebenshilfe für heute fruchtbar zu machen. Dabei
konnte Arno Pötzsch immer wieder betonen: „Gott ist viel zu groß, als
dass unser kleiner Verstand ihn fassen könnte!" Dieser deus abscondi-
tus (der verborgene Gott nach Martin Luther) kommt in seinen

Gedichten immer wieder in abgewandelter Form vor. Aber auch einfache Lebensgrundsätze und Verhaltensregeln sind es, die der Vater seine Kinder gelehrt hat: Zum Beispiel das schrittweise Denken und Tun, mit dem wir uns von Gott von einem Tag zum anderen führen lassen, oder der Ratschlag: „Man tut den zweiten Schritt nicht vor dem ersten", oder die Erkenntnis: „Halbwahrheiten sind die gefährlichsten Lügen". Mit seinem Freund, dem Pfarrer, Arzt und Maler Dr. Kurt Reuber, der zu Weihnachten 1942 im Kessel zu Stalingrad seine Kameraden mit dem später berühmt gewordenen Bild von Maria und dem Kind („Weihnachtsmadonna") überrascht und getröstet hat, war Arno Pötzsch Berneuchener und Mitglied bei der Michaelsbruderschaft. – Seine behutsam-meditative und zugleich entschieden-ernsthafte Art im Umgang mit Menschen spiegelte sich auch in seinem Familienleben wider und hinterließ Spuren und Zeichen. „Liebend leben, liebend wirken – das ist unser letzter Beruf", sagte Arno Pötzsch, und er wusste in seiner Bescheidenheit, dass wir dahinter immer wieder zurückbleiben, aber „doch immer wieder damit neu anfangen dürfen".

Die vier Töchter Christiane, Renate, Sabine und Kathrin (v.l.n.r.) auf einer Harzwanderung um das Jahr 1942. Sicher kam die Aufforderung von der Mutter: „Nun macht ein liebes Pötzschgesicht! Für den Vati!"

21

Neubeginn und Heimgang

Im Jahre 1945, nach dem Einmarsch der Engländer, wurde Arno Pötzsch zunächst in Funnix in Ostfriesland interniert, konnte dort aber schon bald seelsorgerliche Aufgaben an den deutschen Mitgefangenen übernehmen und auch Gottesdienste und Andachten halten. Im Oktober 1945 übertrugen ihm die Siegermächte die Seelsorge für die Minenräumboote, die mit früheren deutschen Marinesoldaten besetzt waren. Sie hatten die gefährliche Aufgabe, die Elbmündung und die Nordsee von den deutschen Minen zu befreien. Nicht selten explodierte ein Minenräumboot bei der Arbeit, die insgesamt bis Ende 1947 andauerte. Im März 1948 wurde Arno Pötzsch durch Landesbischof Schöffel als Gemeindepfarrer in der vertrauten Cuxhavener Kirche eingeführt, die ab 1950 den Namen Petri-Kirche erhielt. Inzwischen war die Garnison von den Alliierten aufgehoben. Die zivile Kirchengemeinde Alt-Cuxhaven hatte die Garnisonkirche als Predigtstätte übernommen. Was lag für die Gemeinde näher, als Arno Pötzsch zum Gemeindepfarrer zu wählen? Die Einführung stand unter dem Pauluswort: „Gott hat uns nicht gegeben den Geist der Furcht, sonden der Kraft und der Liebe und der Besonnenheit" (2. Timotheus 1,7). Arno Pötzsch bewohnte seit Kriegsende mit seiner Familie, die Anfang der vierziger Jahre wegen der Bombenangriffe nach Goslar evakuiert war, das Pfarrhaus unmittelbar neben der Kirche in Cuxhaven.

Neben dem normalen Arbeitsalltag eines Pfarrers leitete Arno Pötzsch das kirchliche Hilfswerk in Cuxhaven und war um die Betreuung der Flüchtlinge und um das Schicksal der sozialen Randsiedler bemüht. Er richtete die „Weihnachtsfeier der Einsamen" am Heiligen Abend ein. Ein besonderer Höhepunkt für ihn und seine Gemeinde war die Aufführung des Cuxhavener Christgeburtsspieles im Jahre 1952, das von Arno Pötzsch selbst geschrieben wurde. Schließlich hat sich der Cuxhavener Pfarrer besonders um die Errichtung einer Kriegsgräber-Gedenkstätte auf dem Friedhof Cuxhaven-Brockeswalde verdient gemacht. So blieb er in mancher Hinsicht seinen ursprünglichen Aufgaben und Anliegen treu. Im Alter von erst 55 Jahren starb der Liederdichter am 19. April 1956, menschlich gesehen viel zu früh. Völlig unerwartet für Verwandte und Freunde erlag er einer Sepsis infolge einer Blinddarmoperation. Möglicherweise war auch ein Herzleiden mitbeteiligt, das ihm Jahre hindurch zu schaffen gemacht hatte.

Eine der letzten Aufnahmen von Arno Pötzsch

Seine letzte Ruhestätte fand er auf dem Friedhof Cuxhaven-Brockes-walde, unmittelbar an der Kriegsgräber-Gedenkstätte. Einer der Amts-brüder deutete am offenen Grab den Tod von der Liebe Gottes her, indem er das Wort aus Jeremia 31,3 zitierte:

„Ich habe dich je und je geliebt, darum habe ich dich zu mir gezo-gen aus lauter Güte."

Was Arno Pötzsch im „Abendlied für eine Sterbende" schrieb, wurde ihm selbst an der letzten Grenze zum Trost:

Du musst es leiden, Menschenkind,
dass Tag und Stunden rinnen
und dass sie bald zu Ende sind
und niemals mehr beginnen.

Doch ob auch schwinden Stund und Tag
und Licht und Leben enden,
es sind doch Zeit und Herzenschlag
ganz fest in Gottes Händen.

Licht, Leben, Tag und Nacht und Tod –
ruht alles ungeschieden
und ruhst auch du, mein Herz, in Gott,
ganz tief in Gottes Frieden.

Die Verbreitung der Gedichte und Lieder

Die Gedichte, Gebete und Lieder von Arno Pötzsch machten mit der Zeit immer deutlicher ihren Weg und fanden auf verschiedene Weise Verbreitung.

Zunächst waren es eigene Publikationen, die Arno Pötzsch heraus-brachte. Nach der genannten Liedheftfolge „Singende Kirche" (Hol-land 1941 und 1942) erschienen im Evangelischen Verlag Herbert Reich, Hamburg-Bergstedt, nacheinander die Gedichtbände „Brot ist Gnade" (1946), „Von Gottes Zeit und Ewigkeit – Worte und Lieder einer Wegfahrt" (1947, 4. Auflage 1958 im 13. Tausend), „Gottes Gabe täglich Brot – Tischgebete und Tischgesänge" (1948, 4. Auflage 1962), „Mensch in Gottes Fährte – Geistliche Gedichte und Lieder"

(1952, 4. Auflage 1961) und posthum „Gnade und Wagnis – Geistliche Gedichte und Lieder" (1960, 2. Auflage 1960). Diese erfolgreichen kleinen Bände, in Leinen gebunden und mit Schutzumschlag versehen, enthielten jeweils ein Porträt des Autors mit Signatur und machten den Namen Arno Pötzsch in christlichen Leserkreisen weithin bekannt. Der Verlag Junge Gemeinde in Stuttgart brachte 1979 unter dem Titel „Sein Wort geht durch die Zeiten" eine kartonierte Sammlung mit weiteren Gedichten von Arno Pötzsch heraus, die 1982 in 3., erweiterter Auflage erschien.

Zweitens sind es Andachtsbücher und Sammelwerke, die ausgewählte Verse von Arno Pötzsch aufnehmen und neuen Lesern zugänglich machen. Stellvertretend für manche anderen Druckwerke seien hier die Herrnhuter Losungen genannt, in denen Gedichte und Bekenntnisse von Pötzsch als Dritttexte nach Losung und Lehrtext bis heute einen segensreichen Dienst tun. Auch in Anthologien fanden seine Gedichte Aufnahme: „Lob aus der Tiefe – Junge geistliche Dichtung" (Göttingen 1947), „Das unzerreißbare Netz – Beispiele christlicher Lyrik heute" (Hamburg 1968), „Fülle der Weihnacht" (Konstanz 1979), „Reichtum der Jahresringe" (Konstanz 1982), „Im Gitter grüner Zweige – Christliche Gedichte aus fünf Jahrzehnten" (Konstanz 1986) und die nach seinem wohl bekanntesten Lied „Meinem Gott gehört die Welt" betitelte Sammlung mit Kindergebeten (Konstanz 1992).

Drittens sind es natürlich Liederbücher und Notenblätter, in denen Verse von Arno Pötzsch leben. Hier wären frühere Liederbücher wie „Das junge Lied" oder „Ein neues Lied" zu nennen oder das seit 1969 weitverbreitete und ab 1995 völlig neu gestaltete Stuttgarter „Liederbuch für die Jugend" und vor allem die Notenblattreihen des Christlichen und des Evangelischen Sängerbundes Wuppertal, in denen zahlreiche Lieder von Arno Pötzsch für Frauen-, Männer- und Gemischten Chor versammelt sind.

Viertens schließlich ist es das offizielle Evangelische Gesangbuch in seinen verschiedenen Regionalausgaben, das den Liedern Arno Pötzsch Gewicht und Bedeutung verleiht. Waren es zuerst im früheren Evangelischen Kirchengesangbuch von 1950 die Regionalanhänge, die Lieder von Arno Pötzsch aufnahmen – so standen zum Beispiel im Anhang von Rheinland-Westfalen bereits fünf Liedtexte von Pötzsch –, so verzeichnet das jetzt gültige Evangelische Gesangbuch in seinem Stammteil drei Lieder von ihm: das Abendmahlslied „Du hast zu deinem Abendmahl als Gäste uns geladen" (224), das Kinderlied „Meinem Gott gehört die Welt" (408) und in der Rubrik „Sterben und ewiges Leben" das Lied „Du kannst nicht tiefer fallen als nur in Gottes Hand" (533). In diversen Regionalteilen finden sich acht weitere Liedtexte von Arno Pötzsch, die alle im ersten Teil der vorliegenden Textauswahl mit Angabe der Gesangbuchausgaben abgedruckt sind. Beides, das Aufrücken der Lieder in den Stammteil und das Nachrücken zusätzlicher Lieder in die Gesangbuchanhänge, ist ein lebendiges Zeichen für die gewachsene Beliebtheit der Verse von Arno Pötzsch in den Gemeinden. In jüngster Zeit haben einige der Lieder von ihm noch weitere Kreise gezogen. So sind in das neue Gesangbuch der deutschsprachigen evangelischen Schweiz von 1998 insgesamt acht Lieder von Pötzsch aufgenommen und zusätzlich ein Abendlied von Kurt Marti, das inhaltlich Bezug nimmt auf den Originaltext von Arno Pötzsch „Bleib bei uns, wenn der Tag entweicht". Eben dieser umgestaltete Liedtext und das Lied „Du kannst nicht tiefer fallen als nur in Gottes Hand" haben unter den Nummern 686 und 559 auch in das zeitgleich mit dem reformierten Gesangbuch erschienene katholischen Gesangbuch der Schweiz Eingang gefunden. Darüber hinaus kursieren noch drei andere Lieder von Arno Pötzsch als ökumenisches Liedgut: „Es ist ein Wort ergangen" (Schweizer Ev. Gesangbuch 256), „Meinem Gott gehört die Welt" (535) und „Ich will dem Herren singen" (731). Nicht vergessen werden soll das neue Gesangbuch der landeskirchlichen Gemeinschaftsbewegung in Deutschland „Jesus – unsere Freude" (1995), in dem der singenden Glaubensgemeinschaft neun Lieder von Arno Pötzsch zur Verfügung stehen, darunter auch das nicht im Evangelischen Gesangbuch befindliche Lied der Diakonie „Herr Christ, mach uns zum Dienst bereit" (591). Starken Eingang haben die Lieder Arno Pötzschs in die Gesangbücher der evangelischen Freikirchen gefunden. Das Gesangbuch der Evangelisch-methodistischen Kirche (1968) verzeichnet (inkl. Anhang „leben und loben") 14 Lieder von Arno Pötzsch. Das zurzeit in Vorbereitung befindliche neue methodistische Gesangbuch wird mindestens sieben Texte Pötzschs enthalten. In die vom Bund Freier evangelischer Gemeinden und vom Bund Evangelisch-Freikirchlicher Gemeinden 1978 herausgegebenen „Gemeindelieder" fanden sechs Lieder Arno Pötzschs Aufnahme.

Die Vertonungen der Liedtexte

Geistliche Gedichte, die zu Liedern der Gemeinde werden können, leben von der Vertonung, die ihnen zuteil wird. Eine angemessene Melodie, die dem Text gerecht wird und ihn zum Klingen bringt, die bei aller gemeindebezogenen Schlichtheit doch auch ihre eigenen Reize hat, ist entscheidend für die Annahme und die dauerhafte Beheimatung in den singenden Gemeinden. Die Texte von Arno Pötzsch haben schon früh Freunde unter den Kirchenmusikern gefunden und hatten zumeist das Glück, von praxiserfahrenen und befähigten Komponisten vertont zu werden. Bereits von den dreißiger Jahren an zieht sich der Zeitbogen der Vertonungen bis in die achtziger Jahre und darüber hinaus. Die wichtigsten Komponisten der Pötzsch-Texte sind Jacques Beers, Hans Georg Bertram, Herbert Beuerle, Willy Burkhard, Max Drischner, Rolf Hallensleben, Hans Hauzenberger, Wolfgang Hiltscher, Bodo Hoppe, Felicitas Kukuck, Christian Lahusen, Martin Lange, Hans-Friedrich Micheelsen, Albert Moeschinger, Wolfgang Pahlitzsch, Johannes Petzold, Hugo Reielts, Frieder Ringeis, Paul Ernst Ruppel, Gerhard Schwarz, Rolf Schweizer, Hermann Stephani, Hermann Stern, Max Studer, Hans Robert Thiele (der Kantor der Cuxhavener Kirche), Gotthold Veigel, Horst Weber und Erna Woll. Wahrscheinlich gibt es neben den bekannt gewordenen und publizierten Pötzsch-Vertonungen hier und da in den Manuskripten von früheren oder heutigen Komponisten noch weitere Lieder, die bisher im Verborgenen geblieben sind. Choralartige Lieder in der Tradition des Kirchengesanges führen heute da, wo „Songs", „Sakro-Pop" oder „Kirchen-Jazz" mehr oder weniger die Szene beherrschen, manchmal ein etwas stilleres Dasein. Aber man täusche sich nicht: Gerade nach den notwendigen und begrüßenswerten Experimenten auf dem Gebiet des neuen Kirchenliedes erwacht in den Gemeinden ein spürbarer Hunger nach biblischer Orientierung und geistlicher Substanz, wie sie auch in den Liedern von Arno Pötzsch gegeben sind. In den Gesangbuchausgaben werden zu den Pötzsch-Texten sowohl traditionelle Weisen als auch Eigenvertonungen angeführt. Als Beispiel stehe dafür das Lied EG 408 „Du kannst nicht tiefer fallen als nur in Gottes Hand", das mit der Vertonung von Hans Georg Bertram aus dem Jahre 1986 versehen ist, zu dem aber als mögliche andere Melodie das Lied „Christus, der ist mein Leben" (EG 516) angegeben ist. Auch für das Jahreswendlied „Bleib bei uns, wenn der

Tag entweicht" im EG Württemberg 542 sind zwei unterschiedliche Melodien vorgesehen: die Eigenvertonung von Horst Weber 1958 und die schöne traditionelle Weise „Uns ist ein Kindlein heut geborn". Das Morgenlied „Nun ist vorbei die finstre Nacht" hat im EG Hessen-Nassau/Kurhessen-Waldeck (644) die beiden traditionellen Gesangbuchmelodien „Des Jahres schönster Schmuck entweicht" (EG Hessen 648) und „Heut singt die liebe Christenheit" (EG 143), während es im reformierten Gesangbuch der Schweiz (577) nach der Eigenvertonung von Willy Burkhard (1939) gesungen wird. Auch unterschiedliche Eigenvertonungen zu ein und demselben Liedtext von Arno Pötzsch sind in den Gesangbuchfassungen manchmal im Umlauf. So finden wir zu dem bekannten Pötzsch-Text „Es ist ein Wort ergangen" im Gesangbuch der Region Baden, Elsass-Lothringen, Pfalz (586) die Melodie von Wolfgang Pahlitzsch aus dem Jahr 1938, aber im Gesangbuch des Westverbundes (590) die Vertonung von Rolf Hallensleben aus dem Jahr 1957. Das alles zeigt etwas von der erstaunlich vielfältigen und eigenständigen Resonanz und Akzeptanz der Lieder Arno Pötzschs in den verschiedenen Regionen und Kirchen.

Zeitbezogene Ausdrucksweise

Hin und wieder werden Vorbehalte gegenüber bestimmten „kriegerisch-soldatischen" Wendungen und Bildern in christlichen Liedtexten der dreißiger und vierziger Jahre geäußert. Das gilt beispielhaft etwa von Otto Riethmüllers Lied „Herr, wir stehen Hand in Hand" von 1932. Darin werden Begriffe wie „Heer", „Fahnen", „Krieg und Sieg", „Kämpfer", „Waffen" und „Vaterland" moniert und für heute als unangemessen und unzulässig erklärt. Auf der einen Seite ist diese Kritik aus heutiger Sicht durchaus verständlich und akzeptabel. So hat Riethmüllers Lied auch keine Aufnahme im Stammteil des Evangelischen Gesangbuches gefunden. Es steht allerdings in den Regionalanhängen der Gesangbuchausgaben von Baden, Elsass und Lothringen, Pfalz (Nr. 607), Niedersachsen/Bremen (Nr. 602), Württemberg (Nr. 594) und Österreich (Nr. 595). Ob es in den Gottesdiensten gesungen wird oder nicht, bleibt daher eine Stilfrage und Ansichtssache der für die Liedauswahl zuständigen Pfarrerinnen und Pfarrer, Kirchenmusikerinnen und Kirchenmusiker. Auf der anderen Seite dürfen wir nicht übersehen, worum es Otto Riethmüller und anderen christlichen Autoren eigentlich ging, wenn sie vaterländische und soldatische Begriffe und Wendungen, die damals in der Luft lagen, für die Verkündigung des Evangeliums mitverwandten: nicht um Verherrlichung oder Überhöhung dieser kämpferischen „Werte", sondern um die Indienstnahme der Zeitsprache für die Sache Gottes! Das ändert allerdings nichts an der Tatsache, dass vielen heutigen Christinnen und Christen eine solche Denk- und Redeweise verdächtig und problematisch geworden ist.

Auch bei Arno Pötzsch finden sich hier und da kriegerische und soldatische Bilder und Gleichnisworte – wie sollte es auch anders sein! War doch das ganze Umfeld seines Erlebens als junger Marinesoldat im Ersten Weltkrieg und als Marinepfarrer im Zweiten Weltkrieg davon bestimmt und geprägt. Was für Otto Riethmüller gilt, gilt auch für Arno Pötzsch, wenn er von Heer und Kampf, von Sturmwind, Brand und Flammenschein, von Krieg und Sieg, von Freund und Feind spricht oder für Christus Bezeichnungen wie „Heerchrist" und „Herzog" verwendet: Mit der Sprache der Zeit sollte und musste die Sache des Evangeliums verständlich und attraktiv gemacht werden! Allerdings immer mit der klaren Abzielung auf Frieden und Versöhnung, wie es stellvertretend für viele andere Verse von Arno Pötzsch die programmatische Strophe aus seinem Lied „Herr, eh die ganze Erde / in Schutt und Trümmer fällt" bekundet:

> Herr, steure du den Kriegen,
> lass Wehr und Waffen ruhn!
> Lass, die zu Felde liegen,
> ein Werk des Friedens tun!

Und im selben Liedtext heißt es, längst bevor das Bildwort aus Jesaja 2 von den Schwertern und Spießen, die zu Pflugscharen und Sicheln umgestaltet werden, von der Friedensbewegung entdeckt und zum Wahlspruch erhoben wurde:

> Und aus den Schwertern werde
> die Pflugschar, die das Brot
> des Friedens schafft der Erde
> statt Wunden, Not und Tod!

Wenn Arno Pötzsch in seinem sechsstrofigen Gedicht „O Deutschland, du bist mein Vaterland!" Deutschland nacheinander als „Vaterland", „Mutterland", „Kinderland", „Heimatland" und „Bruderland" anredet und meditiert, dann liegt der Hauptakzent, auf den alles hinausläuft, auf der letzten Strophe, in der Deutschland als „Gottes Land" in die christliche Pflicht gerufen wird. Dieses Bekenntnis, das weit über die in jener Zeit üblichen Deutschland-Gedichte hinausführt, entstand 1934 als Protest gegen die Verleumdung, wer Christ sei, könne kein Deutscher sein – und umgekehrt.

Trost durch schlichte, einfache Verse

Es ist eine bemerkenswerte Erfahrung, die viele Trost- und Hilfesuchende in den schweren Jahren des Nazi-Regimes und des Zweiten Weltkrieges gemacht haben, dass es nicht artifizielle, dichterisch konstruierte und kunstvoll gedrechselte Texte waren, die diesen Trost und Zuspruch vermittelten, sondern schlichte, einfache Verse, die die Sprache der Bibel und des Gesangbuchs sprachen und gerade dadurch zum Leuchten kamen und Wärme ausstrahlten. So wurden christliche Reim- und Bekenntnisgedichte von Rudolf Alexander Schröder, Jochen Klepper, Otto Riethmüller und anderen Autoren oft handschriftlich verbreitet, als Ermutigung Briefen beigelegt oder auch mündlich tradiert, da es für diese Art von Literatur offiziell meistens keine Papier- und Druckgenehmigung gab. Auch manche Verse von Arno Pötzsch sind auf diese Weise von Mensch zu Mensch gewandert und haben etwas von der Hoffnung des christlichen Glaubens bezeugt. Wie oft mag es geschehen sein, dass ein verzagtes Herz durch ein Gedicht von Arno Pötzsch wie „Du kannst nicht tiefer fallen als nur in Gottes Hand", angerührt und aufgerichtet worden ist, allem Jammer und Kummer zum Trotz! Im Ernstfall des Lebens, auch in sonst „normalen" und undramatischen Zeiten, kommt es eben nicht sosehr auf individuelle Einfälle, neuartige Bilder und geheimnisvoll verschlüsselnde Redeweise an, sondern vielmehr auf einen vertrauten Erfahrungs- und Verstehenshorizont und auf ein Credo, das die Geborgenheit des Menschen in Gott klar auf den Punkt bringt. Solch ein „Ernstfall des Lebens" ist eigentlich täglich präsent, auch wenn es uns durchaus nicht immer bewusst ist. Zeit und Stunde für das schlichte und in Vers und Reim gebrachte Bibel- und Gesangbuchgedicht ist in den Augen des Glaubens immer da! Das noch junge Evangelische Gesangbuch, das ab 1993 nacheinander in allen deutschen Landeskirchen eingeführt wurde, ist ein lebendiges Zeugnis dafür, dass auch in unserer Zeit der biblische Auftrag „Singet dem Herrn ein neues Lied!" (Psalm 98,1) vernommen und erfüllt wird. In vielfältiger Weise bekunden Texte und Lieder der Gegenwart die Möglichkeiten der singenden Kirche: Alte und neue Singformen, traditionelle und zeitgenössische Texte, zeitlose Grundthemen des Glaubens und heutige Anliegen der weltweiten Christenheit bilden ein geschwisterliches Miteinander. Dass die Stimme von Arno Pötzsch darin einen berechtigten Platz und einen hörenswerten Klang besitzt, ist für uns an seinem hundertsten Geburtstag sein wichtigstes und größtes Vermächtnis.

Die Bedeutung des Gesangbuches

Das Gesangbuch ist die am weitesten verbreitete Anthologie geistlicher Dichtung aus Vergangenheit und Gegenwart. Natürlich ist es vor allem ein religiöses Lieder- und Gebetbuch für den Gottesdienst in der Kirche und die persönliche Andacht und Besinnung daheim. Zugleich aber ist es eine literarisch-musikalische Sammlung von Gedichten und Liedern quer durch die Jahrhunderte der Christenheit, nach Art und Umfang ohne Parallele und damit eben auch ein bemerkenswertes kulturelles Phänomen. Die Herausgeber und Mitarbeiter von Literaturgeschichten müssten die Bedeutung des Kirchenliedes als literarische Lebensäußerung und Kunstform auch über Martin Luther und Paul Gerhardt hinaus noch mehr zu entdecken und zu würdigen wissen. Lange genug lag das geistliche Lied als Kultur- und Gesellschaftsgut im Dornröschenschlaf oder war das Aschenputtel der Literatur. Die Kirche selbst hat die Sprache der Poesie und ihre Möglichkeiten zur Verlebendigung der Verkündigung immer noch nicht ganz wahrgenommen und genutzt. Weiß sie, was sie mit dem großen Schatz geistlicher Dichtung anvertraut bekommen hat?
Für den gebildeten Zeitgenossen beginnt die deutsche Literatur in der Regel mit Lessing, Goethe und Schiller. Was es vorher gab, ist weithin nur für Sach- und Fachkundige interessant und gegenwärtig. Das Gesangbuch der Kirche ermöglicht es dagegen ungezählten

Menschen ganz unterschiedlicher Alters- und Bildungsstufen, Texte und Melodien aus dem 4. Jahrhundert nach Christus, dem Mittelalter, dem Zeitalter der Reformation, aus dem 17., 18. und 19. Jahrhundert sowie aus unseren Tagen kennen zu lernen, zu singen und zu beten und dadurch lieb zu gewinnen. Ein Blick in die Liedgeschichte und das Verzeichnis der Dichter und Komponisten im Gesangbuch belegt mit vielen Namen, Daten, Texten und Melodien, dass die Kirche als Bewahrerin und Vermittlerin von Mut machender Dichtung und tröstender Musik durch die Jahrhunderte einen wichtigen, ja einzigartigen Dienst am Glauben und an der Kulturr der Menschheit verrichtet. Wo gibt es sonst neben der christlichen Kirche einen Ort oder eine Institution, wo so viele Menschen aus verschiedenen Lebensphasen und Herkünften so regelmäßig miteinander singen, Heutiges und Zeitbezogenes, aber auch Vergangenes in den Atem der Gegenwart hineinnehmen und dadurch wieder lebendig werden lassen!

Um diese Bedeutung des Gesangbuches wusste Arno Pötzsch aus seiner Praxis als Gemeinde- und Marinepfarrer, aber auch aus seiner persönlichen Begeisterung für gedichtete geistliche Texte sehr wohl. So war ihm die Aufnahme einiger seiner Lieder in Gesang- und Andachtsbücher die Erfüllung eines Herzenswunsches, die er zugleich als überraschende Fügung Gottes ansah. Wiederholt betonte er: „Dass einige meiner Lieder in neue Gesangbücher und in die Losungen der Herrnhuter Brüdergemeine eingegangen sind, ist mir eine besondere Freude". Es begann damit, dass die deutschsprachige evangelische Schweiz drei vertonte Pötzsch-Gedichte in ihr Gesangbuch aufnahm. Der Autor schreibt in seiner Einführung zu den Liederheften der deutschen Gemeinde Rotterdam, die in drei Folgen 1941–1942 unter dem Titel „Singende Gemeinde" erschienen: „Wir standen schon im Kriege, als mir ein neues Gesangbuch einer evangelischen Kirche des Auslandes zugesandt wurde, das drei meiner Lieder mit neuen Weisen einheimischer Kirchenmusiker jenes Landes enthielt. Dieses neue Gesangbuch wurde die unmittelbare Veranlassung zu den Liedheften ‚Singende Kirche' im Raum der Niederlande; denn es veranlasste Hans Fischer, den Pfarrer der deutschen evangelischen Gemeinde in Rotterdam, zu der Frage, ob ich etwa noch mehr solcher Lieder hätte. Da gab ich ihm zusammen mit einem Taufliede für seinen Sohn Hans Michael, zugleich als schlichten Dank für ihn und seine Gemeinde, eine Anzahl neuer Lieder, die fast alle im Krieg, zumeist in jüngster Zeit, und unter dem Kriegserlebnis entstanden waren." Es dürfte kein

Zufall sein, dass gerade die deutsche evangelische Gemeinde in Rotterdam diese neuen Lieder des Glaubens gesungen, angenommen und lieb gewonnen hat, denn keine andere Stadt und Gemeinde im niederländischen Bereich hat so wie sie die zerstörerische Wucht und Schrecknis des Krieges erlebt und brauchte inmitten der täglichen Bedrohung Halt und Zuspruch. „Sie hat das Licht der Sonne an jedem Morgen als kostbares Geschenk, das tägliche Brot mit allem, was Luther uns bei der 4. Bitte des Vaterunsers bedenken lehrte, als immer neue Gnade eines wunderlichen-wunderbaren Gottes erfahren", bezeugt Arno Pötzsch in seinem Vorwort. Damals schon galt, was auch später immer wieder in aller Bescheidenheit und Selbstlosigkeit vom Liederdichter zu seinen Liedtexten gesagt wird: „Diese Gesänge, von denen ihr Verfasser nur zu gut weiß, dass sie ‚Stückwerk' sind, wollen in aller Schlichtheit in unserer Sprache und für unsere Zeit die Wirklichkeit des uns in Christus offenbaren Gottes bezeugen, so wie vergangene Geschlechter es in ihrer Zeit und auf ihre Weise getan haben; wenn ihnen in der großen singenden Kirche im Himmel und auf Erden das bescheidenste Räumlein angewiesen und vergönnt würde, dann wäre ihnen genug getan." Und Arno Pötzsch deutet an, dass die Texte in bedrohlichen Fliegernächten oder angesichts von Beerdigungen entstanden sind. Mancher Marinesoldat, mancher Angehörige von Gefallenen oder Zerbombten mag es gespürt haben, dass die tröstenden Liedworte im Angesicht des Todes und an Gräbern entstanden sind.

Der arme Laut von Tod und Leben

Wenn man will, kann man zu jedem geformten Text mit Für und Wider Stellung nehmen. Davon lebt die Literaturgeschichte, kirchlicherseits die Hymnologie, die darstellende und wertende Liederkunde. Arno Pötzsch ist kein Lyriker im literarischen Sinn, schon gar nicht im Sinn des Zeitalters nach Bertolt Brecht und Gottfried Benn, aber auch nicht Lyriker wie Albrecht Goes oder Manfred Hausmann, die ja auch im christlichen Glauben beheimatet sind, aber neben einfachen Texten auch durchaus kunstvoll geformte, eben literarische Gedichte geschrieben haben. Arno Pötzsch ist ein Vertreter des begrifflich und ausdrucksmäßig schlichten christlichen Reimgedichtes, das ganz in der Tradition steht und dessen Stärke darin liegt, dass es zum Nachsprechen, zum Singen und Beten einlädt. Der schreibende Marine- und Gemeindepfarrer hat das hohe Wort „Dichter" für sich immer zurückgewiesen, um diesen Sachverhalt wohl wissend. In einem seiner Sonette sagt er:

> Ich bin kein Dichter, will kein Dichter sein,
> und schreib ich dennoch meine Verse nieder,
> so sind's der Einfalt und der Armut Lieder,
> und dem ich schreibe, ist nur Gott allein.

Es geht ihm nicht zuerst um ein poetisches Ausdrucksuchen, überhaupt nicht um den Ehrgeiz, Lyrik zu schreiben, sonden um das Glaubenszeugnis von Gott. So muss man seine Verse, Gedichte und Lieder sehen, um sie richtig einzuordnen. Dass ihm dabei gerade durch seine „Einfalt" manches Hellsichtige und unüberbietbar Weise gelungen ist, gehört zum Geheimnis der Nachfolge ebenso wie der scheinbare Widerspruch, dass gerade aus der „Armut" eines Liedes ein großer Gewinn und Reichtum hervorgehen kann. Hier ist die Armut des Heiles von der Krippe bis zum Kreuz nicht fern. Das ist die eine Standortbestimmung: nicht Literatur, sondern Glaubenszeugnis. Und damit befindet sich Arno Pötzsch ja, von Martin Luther angefangen bis in die Tage von Jochen Klepper, nicht in schlechter Gesellschaft.

Die andere Standortbestimmung ist die eigentlich aufregende und herausfordernde! Wenn es auch das leidenschaftliche Anliegen von Arno Pötzsch ist, Gott zu lobsingen und seine Liebe zur gefährdeten Welt zu bezeugen, das Letzte, auf das es ankommt, ermöglicht sich dem Wort des Menschen nie! Sosehr es das „Wunder Sprache" gibt, das Gott schenkt, sosehr „stürzt uns das Wort hinab / in leere Gründe, qualvoll enge Grenzen, / in stumme Nacht, / der keine Lichter glänzen." Immer wieder weiß Arno Pötzsch davon zu sagen, dass alles Gotteszeugnis nur ein „Stammeln" sein kann, dass das ihm Mögliche nur sein kann, „ein Wörtlein zu wagen". So lautet sein Sonett „Gedicht" programmatisch:

> Des Worts ein wenig gab mir Gott zu sagen
> von dieses Daseins Lust und bittrer Not,
> vom Rätsel Leben und vom dunklen Tod,
> von dieser Welt und ihren tausend Fragen.

Des Worts ein wenig ist mir aufgetragen,
und doch das Wort. Der selbst es schuf, der Gott,
der Sein und Werden durch sein Wort gebot,
heißt mich ein Wort, ach, nur ein Wörtlein, wagen.

O Wunder Sprache: dass ein Gott uns gab,
von dem zu reden, das die Welt erfüllt!
Doch, ach, zugleich stürzt uns das Wort hinab

in leere Gründe, qualvoll enge Grenzen,
in stumme Nacht, der keine Lichter glänzen,
weil sich das Letzte nie dem Wort enthüllt.

Diese Grundehrlichkeit vor dem Geheimnis Gott und dem Rätsel
Leben ist es, die noch beim Lesen der schlichtesten Verse aufhorchen
lässt und betroffen macht. Hier hat einer, der Leiden und Tod, Frage
und Zweifel zutiefst erlebt und durchlitten hat, seine Möglichkeiten
ausgelotet und mitten in aller Begrenzung und Bruchstückhaftigkeit
als ein „Sich-Freischreiben", als eine Therapie für sich, aber dann auch
für andere umgesetzt.

Gereimte Gottesbezeugungen können manchmal ein wenig glatt
und zu flüssig daherkommen oder den Anschein erwecken, als seien
sei es. Hier ist das „Stammeln" durch Leben und Leiden gedeckt. Was
macht es da, dass man bei Arno Pötzsch vielleicht die eine oder andere altbackene Wortwendung, die mitunter gehäuften Abkürzungen
und Auslassungszeichen, immer neu sich wiederholende Begriffs-
oder Reimpaare wie Leben und Tod, Zeit und Ewigkeit, Licht und
Dunkel, Schuld und Huld oder Ähnliches mehr monieren könnte!
Vielleicht schimmert auch durch solche „Stileigenarten" noch etwas
vom „Stammeln" der Gottesbezeugung hindurch, jedenfalls zerstören
sie nicht den leidenschaftlichen Atem und die persönliche Handschrift
des Verfassers, die sich über Jahrzehnte hinweg durchgesetzt und erhalten haben. Wer ein Gehör für Zwischentöne hat, für das, was zwischen den Zeilen ungesagt mitschwingt, der erkennt – und das ist
mehr eine theologische als eine literarische Perspektive – noch im
armseligen Gewand den kostbaren Inhalt. „Wir haben aber diesen
Schatz in irdenen Gefäßen, damit die überschwängliche Kraft von Gott
sei und nicht von uns", dieses Bekenntnis von Paulus in 2. Korinther 4,7
gehört hierher und kommentiert das Gemeinte. So und nicht anders

hat auch Arno Pötzsch selbst sein Schreiben verstanden. Und könnte uns nicht gerade heute, wo wir uns in weitesten Kreisen immer mehr von der Quelle der christlichen Botschaft entfernen, ein Lied, ein Gedicht, ein Gebetsvers, gesättigt an biblischen Bildern und Wendungen, einen längst wieder fälligen und ersehnten Dienst in Kirche und Gesellschaft tun? Das Leben und auch der Glaube lebt von solchen Wieder-Holungen. Der Gesang eines Liedes, das Sprechen eines Gedichtes, das „Stammeln" eines Gebetes kann Grund und Ordnung in unsere Seele bringen. Deshalb hat der Theologe und Seelsorger Arno Pötzsch Lieder und Gedichte geschrieben. Deshalb gedenken wir seiner und seines Werkes an seinem hundertsten Geburtstag in Dankbarkeit und Verehrung.

Im Vorwort zu dem Band „Mensch in Gottes Fährte" heißt es in stiller Zwiesprache mit Gott:

Ich weiß es wohl, es sind nur arme Dinge,
die ich mich dir zu bringen unterwinde,
doch ist's mein Herz, und was ich sag und singe,
und red ich töricht wie von Farb der Blinde,
ich bring's, weil du, Gott, mir dein Herz gegeben.

Dir bringen andre ihre reiche Gabe,
und mich erfreut's, wie dich die Großen preisen.
Vergib, nimm an, da ich nichts Bessres habe,
was Not und Liebe mich zu sagen heißen,
den armen Laut, mein Gott, von Tod und Leben.

Detlev Block

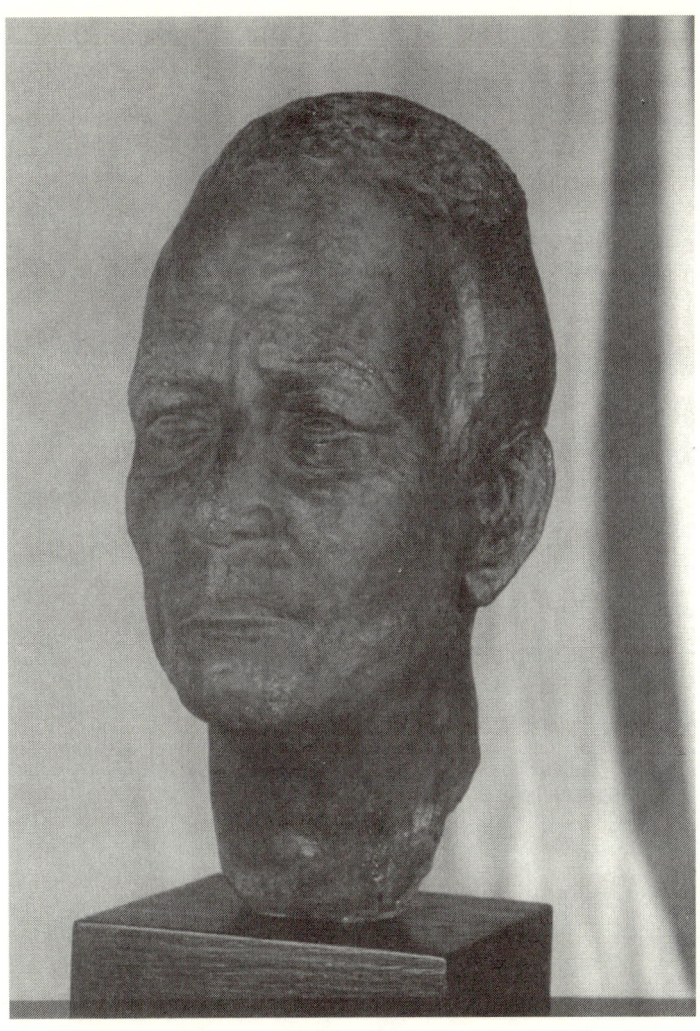

Diese Bronzebüste von Doris von Sengbusch-Eckardt wird an Arno Pötzschs 100. Geburtstag am 23.11.2000 auf dem Arno-Pötzsch-Platz in Cuxhaven aufgestellt.

Geistliche Lieder und Gedichte

Du kannst nicht tiefer fallen
als nur in Gottes Hand

Gesangbuchlieder

Schlüssel für die Gesangbuchangaben:

EG	Evangelisches Gesangbuch (Stammteil)
EG	(mit Regionalangabe): Evangelisches Gesangbuch, einzelne Regionalteile
RG	Evangelisch-reformiertes Gesangbuch für die deutschsprachige Schweiz
EmK	Gesangbuch der Evangelisch-methodistischen Kirche (inkl. Anhang „leben und loben")
GmL	Gemeindelieder (Gesangbuch des Bundes Evangelisch-freikirchlicher Gemeinden und des Bundes Freier evangelischer Gemeinden)
JuF	Jesus unsere Freude – Gemeinschaftsliederbuch
KG	Katholisches Gesangbuch für die deutschsprachige Schweiz

Abendmahlslied

Du hast zu deinem Abendmahl
als Gäste uns geladen.
Nun stehn wir, Herr, in deinem Saal
mühselig und beladen.
Wir tragen unsrer Wege Leid,
viel Sorgen, Schuld und Schmerzen.
Ob reich, ob arm, dich irrt kein Kleid,
du weißt die Not der Herzen.

Ach Herr, vor dir ist keiner reich
und keiner los und ledig;
spricht einer hier dem andern gleich:
Gott sei mir Sünder gnädig!
Du aber ludest uns zu dir,
den Hunger uns zu stillen,
willst uns aus lauter Liebe hier
die leeren Hände füllen.

Nun segne, Herr, uns Brot und Wein,
deins Tisches edle Gaben!
Du selbst willst gegenwärtig sein
und wunderbar uns laben.
Gib über Bitten und Verstehn,
wie du versprachst zu geben!
In dem, was unsre Augen sehn,
gib dich uns selbst zum Leben!

EG 224, JuF 190, EmK 285, GmL 126

Kinderlied

Meinem Gott gehört die Welt,
meinem Gott das Himmelszelt,
ihm gehört der Raum, die Zeit,
sein ist auch die Ewigkeit.

Und sein eigen bin auch ich.
Gottes Hände halten mich
gleich dem Sternlein in der Bahn;
keins fällt je aus Gottes Plan.

Wo ich bin, hält Gott die Wacht,
führt und schirmt mich Tag und Nacht;
über Bitten und Verstehn
muss sein Wille mir geschehn.

Täglich gibt er mir das Brot,
täglich hilft er in der Not,
täglich schenkt er seine Huld
und vergibt mir meine Schuld.

Lieber Gott, du bist so groß,
und ich lieg in deinem Schoß
wie im Mutterschoß ein Kind;
Liebe deckt und birgt mich lind.

Leb ich, Gott, bist du bei mir,
sterb ich, bleib ich auch bei dir,
und im Leben und im Tod
bin ich dein, du lieber Gott!

EG 408, RG 535, JuF 616, EmK 739, GmL 497

Sterben und ewiges Leben

Du kannst nicht tiefer fallen
als nur in Gottes Hand,
die er zum Heil uns allen
barmherzig ausgespannt.

Es münden alle Pfade
durch Schicksal, Schuld und Tod
doch ein in Gottes Gnade
trotz aller unsrer Not.

Wir sind von Gott umgeben
auch hier in Raum und Zeit
und werden in ihm leben
und sein in Ewigkeit.

EG 533, RG 698, KG 559, JuF 503

Adventslied

Vor den Türen deiner Welt
stehst du allerzeiten,
Gott und Gast, dem wir bestellt,
Herberg zu bereiten.
König aller Herrlichkeit,
kommst du hergeschritten
und sprichst doch im Bettlerkleid
eines Pilgrims Bitten.

Bist der Schöpfer aller Ding,
Gott und ohnegleichen,
und trägst niedrig und gering
unsrer Armut Zeichen,
lässt in Demut dich als Kind
von der Krippe tragen
und von deinen Kindern blind
an den Kreuzstamm schlagen.

So in Gottesdemut hast
du den Weg genommen
und bist, Herr, als Freund und Gast
her zur Welt gekommen.
Und nur eins war, was dich trieb,
Liebe, nichts als Lieben.
Was die Welt dir schuldig blieb,
das hat dich getrieben.

Hat die Welt dich oft verkannt
und dich sehr missachtet
und verblendet und gebannt
nur sich selbst betrachtet,
hab ich's anders nicht getan,
stets zu Fluch und Schaden –
bleib uns nah und sieh uns an
und vergib in Gnaden.

Stehst du nun vor unsrer Tür,
König, heilandsmilde,
das Verschlossne zwing und rühr
durch dein heilig Bilde.
Lass uns dich nicht draußen stehn,
warten nicht vergebens.
Eile bei uns einzugehn,
komm, du Herr des Lebens.

RG 374, EmK 17

Weihnachts-Kanon

Singt, singt, singt, singt,
singt Frieden auf Erden,
Halleluja,
die Freude sagt allen,
Halleluja!
Verkündet die Gnade
und Gottes Gefallen
und singt, singt, singt, singt,
singt Frieden auf Erden,
Halleluja!

EG Kurhessen-Waldeck/Hessen-Nassau 541

Lied zur Jahreswende

Das Jahr geht hin, nun segne du
den Ausgang und das Ende.
Deck dieses Jahres Mühsal zu,
zum Besten alles wende.

Du bleibst allein in aller Zeit,
ob wir auch gehn und wandern,
die Zuflucht, schenkst Geborgenheit
von einem Jahr zum andern.

Hab Dank für deine Gotteshuld,
den Reichtum deiner Gnaden.
Vergib uns alle unsre Schuld,
die wir auf uns geladen.

Und segne unsern Eingang nun.
Hilf, Herr, in Jesu Namen.
Dein Segen g'leit all unser Tun
im neuen Jahre. Amen.

EG Rheinland-Westfalen/Lippe/ref. Kirche 551, JuF 678, EmK 45, GmL 204

Lied zur Jahreswende

Wir treiben, Herr, im Strom der Zeit.
Gib unsrer Wegfahrt dein Geleit.
Zeig Weg und Ziel und geh du mit
all Tag und Stund und Schritt für Schritt!

Wir können ohne dich nichts tun,
nichts wirken, nicht im Frieden ruhn,
Herr, nicht bestehn der Erde Not,
das Leben nicht und nicht den Tod.

Erleucht uns, Herr, mit deinem Licht
und beug uns unter dein Gericht,
end gnädig allen irren Lauf,
durch deine Liebe heb uns auf!

Hilf, dass das Herz nichts Falsches acht',
vielmehr nach deinem Reiche tracht',
der Fesseln frei, von Sorgen los!
Herr, nur das Größte sei uns groß!

Gib auch das Brot, gib Geist und Wort
von Tag zu Tag an jedem Ort!
Halt uns bei dir durch dein Geleit,
Herr Gott, in Zeit und Ewigkeit.

EmK 46

Passionslied

Ich steh an deinem Kreuz, Herr Christ,
und seh dein Bildnis an
und weiß: was hier geschehen ist,
das hab ich dir getan.

Du kamst aus deines Vaters Haus
zur Welt und suchtest mich,
ich aber, Herr, ich stieß dich aus,
ans Kreuzholz schlug ich dich.

Ging eignen Wegs verschlossnen Sinns,
wollt Gottes Weg nicht gehn,
verriet dich, Herr: ja, Herr, ich bins,
durch den dir Leids geschehen.

Nun steh ich hier mit meiner Schuld
und weiß nicht aus noch ein
und weiß nur dich und deine Huld.
Ach Herr, erbarm dich mein!

Ich steh an deinem Kreuz, Herr Christ,
und seh dein Bildnis an
und weiß: was hier geschehen ist,
das hast du mir getan.

EG Rheinland-Westfalen/Lippe/ref. Kirche 556, JuF 92, GmL 220

Lied zum Ende des Kirchenjahres

Bleib bei uns, wenn der Tag entweicht,
wenn uns die Finsternis beschleicht,
wenn wir voll Not ins Dunkle sehn,
wenn wir in Ängsten schier vergehn.
Bleib bei uns, Herr, halt du die Wacht,
gib deinen Frieden diese Nacht.

Bleib bei uns, wenn das Jahr zu End,
wenn sich die Zeit noch einmal wend't,
wenn ihr Woher, Wohin uns schreckt,
kein Ziel und Sinn sich uns entdeckt.
Bleib bei uns, Herr, nimm unser wahr,
geleit uns in das neue Jahr.

Bleib bei uns, Herr, wenn unsrer Bahn
die letzten, dunklen Schatten nahn,
das Leben und der Tod uns drängt,
die Schuld den Himmel uns verhängt.
Bleib bei uns, Herr, halt uns in Hut
und mach's mit unserm Ende gut.

Bleib bei uns, wenn die Welt zerbricht,
das All erzittert im Gericht,
wenn nirgends Halt und Hilf und Heil
der armen Erde wird zuteil.
Bleib bei uns, Herr, das diese Welt
doch noch in dein Erbarmen fällt.

Bleib bei uns! Lass uns nicht allein!
Nur du kannst Halt und Helfer sein
in Schuld und Schicksal, Angst und Not,
in unserm Leben, unserm Tod.
Drum bleib bei uns in aller Zeit,
bleib bei uns, Herr, in Ewigkeit.

EG Württemberg 542, RG 607 (Vorlage), KG 686 (Vorlage)

Das Wort Gottes

Es ist ein Wort ergangen,
das geht nun fort und fort,
das stillt der Welt Verlangen
wie sonst kein ander Wort.

Das Wort hat Gott gesprochen
hinein in diese Zeit.
Es ist hereingebrochen
im Wort die Ewigkeit.

Du Wort ob allen Worten,
du Wort aus Gottes Mund,
lauf und an allen Orten
mach Gottes Namen kund.

Künd auf der ganzen Erde,
dass Gott ihr Herre sei,
dass sie auch Gottes werde
und andrer Herren frei.

Lauf, Wort, mit allen Winden
durch jedes Volk und Land,
dass sich die Völker finden,
so wie das Wort sie fand.

Lauf, Wort, durch alle Straßen,
in hoch und niedrig Haus
und ruf in allen Gassen
ein hörend Volk heraus.

Triff Freunde und triff Feinde,
zwing, was dir widerstrebt,
und ruf uns zur Gemeinde,
die aus dem Worte lebt.

Erhalt das Wort in Gnaden,
gib, Gott, ihm freien Lauf.
Du Wort, von Gott beladen,
spreng Tür und Riegel auf.

EG Rheinland-Westfalen/Lippe/ref. Kirche 590, EG Baden/Elsass-Lothringen/Pfalz
586, EG Württemberg S. 1055 (nur Text), RG 256, JuF 166, EmK 196, GmL 90

Lob- und Danklied

Ich will dem Herren singen,
solang ich leb und bin,
ihm Lob in Liedern bringen
mit dankbar frohem Sinn.
Hab ich gleich nichts zu geben,
weil Gott allein nur gibt,
ich bring im Lied mein Leben
dem Schöpfer, der mich liebt.

Wie sind die Werk und Taten
des Herrn so groß und viel!
Sein wunderweislich Raten
weiß immer Weg und Ziel.
Sein Macht und sein Vermögen
lenkt aller Dinge Lauf,
und aller Welt zum Segen
hört nie sein Lieben auf.

Das weiß ich wohl zu sagen
von meines Lebens Fahrt,
wie hat in allen Tagen
mich Gottes Hand bewahrt!
Trotz Ängsten, Last und Sorgen
und wo ich's nicht gedacht,
fand ich mich doch geborgen
in Gottes Hut und Wacht.

Wie sollt ich je vergessen,
was Gott an mir getan,
mir freundlich zugemessen
von allem Anfang an!
Ich kann nur staunend schauen
die göttlich große Huld
und ihr mich anvertrauen
mit Los und Leid und Schuld.

Dem Herren will ich singen,
solang mein Mund sich regt,
solang, ihm Lob zu bringen,
in mir mein Herz noch schlägt.
Und sind's nur arme Weisen,
ach, zu gering für Gott,
ich will ihn dennoch preisen
im Leben und im Tod.

RG 731, JuF 233, EmK 153

Lob- und Danklied

Dich loben deine Werke,
du ewig reicher Gott!
Das All rühmt deine Stärke,
die ihm zu sein gebot.
Du warfst dein Wort ins Leere,
riefst Welten aus dem Nichts,
schufst, Schöpfer, dir zur Ehre
die Wunder deines Lichts!

Gestirnen ohnemaßen
gabst du, Gott, Bahn und Lauf
und führst sie ihre Straßen
noch wandellos herauf.
Und bleiben wir im Scheine
der Sterne staunend stehn,
es ist doch nur das Kleine,
das unsre Augen sehn.

Was unsre Sinnen fassen,
ist nur der engste Raum.
Worauf wir uns verlassen,
wie oft ist's Trug und Traum!
Es weisen Raum und Zeiten,
jed' irdisch Ding und Haus,
aus den begrenzten Weiten
weit über sich hinaus.

Weit über Staub und Sternen,
da, wo kein Maß mehr misst,
und wo trotz allen Fernen
sich alles nahe ist,
lebst, webst du, Gott, in Räumen,
von denen ird'scher Sinn
nichts weiß und lässt sich träumen,
und suchst uns heim dahin.

Bei dir ist uns bereitet
die Statt, die immer bleibt,
und deine Liebe leitet
uns, die hier Unruh treibt,
aus Elend, Sorg und Sünden
duch alle Angst der Welt,
bis wir die Heimat finden,
die ewig birgt und hält.

Dahin lass uns gelangen
durch Gnade und Gericht!
Du willst den Sohn umfangen,
denkst seiner Schande nicht;
suchst immer die Verlornen,
trägst aller Erde Schmerz –
zeig heut uns Sündgebornen
dein liebeglühend Herz!

Wir beten tief im Staube
dich, Gott und Vater, an!
Dir danken Lieb und Glaube,
was du der Welt getan.
Herr, sind wir dein mit Freude,
dir eigen in der Zeit,
sind wir, wir hier und heute,
auch dein in Ewigkeit!

EmK 152

Kirche in Not

Steh auf, Herr Gott, die Zeit ist da.
Die Not stieg ohne Maßen.
Sei selbst mit deiner Hilfe nah;
wir sind sonst ganz verlassen.

Die Kirche ist ein armer Hauf,
zerspellt und feindumfangen.
Gehemmt ist deines Wortes Lauf,
die Wahrheit schier vergangen.

Die Welt in starrem Eigensinn,
Herr Gott, will dich nicht hören.
Ein falscher Glanz scheint ihr Gewinn,
viel Volks lässt sich betören.

Wir wissen selbst nicht aus noch ein;
Gewalt und List uns schrecken.
Wir sind gar aus. Nur du allein
kannst Hilf und Helfer wecken.

Herr, unsre Not ist deine Zeit;
und mag uns immer grauen:
Du bist der Herr und bist nicht weit
und hilfst, wenn wir vertrauen.

Steh auf, Herr Gott, dem Feind zum Trutz.
Stärk uns, dass nichts uns biege.
Sei deines Volks allmächt'ger Schutz.
Führ deine Sach zum Siege.

RG 822

Trost und Zuversicht

Mein Herz, was dir begegnen
und widerfahren mag,
sei still, Gott will dich segnen;
auch heut ist Gottes Tag!

Sein Tag war allerzeiten,
sein Tag wird immer sein.
Gott schloss in Ewigkeiten
dich in sein Herz hinein.

An jedem neuen Morgen,
in jeder neuen Nacht
bist du bei ihm geborgen,
wirst du von ihm bewacht.

Drum komme Lust und Leiden
und Leben oder Tod,
dich wird gewiss nichts scheiden
von ihm, dem großen Gott.

EmK 525

Lied der Diakonie

Herr Christ, mach uns zum Dienst bereit
in unserm Amt und Stande.
Wir tragen Leben, Amt und Zeit
allein zum Lehn und Pfande.
Drum präg uns tief nach deinem Sinn.
Nimm uns dir ganz zu eigen hin.
Bind uns durch feste Bande.

Herr, du hast keinen Dienst begehrt;
du gabst der Welt dein Leben,
sahst Gottes Erde leidbeschwert
und halfst die Lasten heben.
du trugst der Welt gesamte Not
und hast bis in den dunklen Tod
dich dienend hingegeben.

Herr Christ, du wardst der Brüder Knecht
und bist doch Herr geblieben,
und Gottesdienst und Königsrecht
heißt nun, den Bruder lieben.
Ach wend auch uns dem Nächsten zu,
dass jeder jedem Gutes tu,
von lautrer Lieb getrieben.

Herr, lehr uns, dass sich selbst verführt,
wer irdisch Ding will halten,
doch Leben findet, wers verliert
in deinem Dienst und Walten.
Zeig täglich neu, was Opfer heißt.
Wollst uns, Herr Christ, durch deinen Geist
ganz in dein Bild gestalten.

JuF 591, EmK 306, GmL 411

Nächstenliebe

Auf allen Wegen, die wir gehn,
geht immer Schritt um Schritt,
gesehen oder ungesehn,
auch unser Bruder mit.

Er fragt nach uns, nach mir und dir,
klagt: Ich bin sehr allein,
ach, Bruder, Bruder willst du mir
denn nicht mein Nächster sein?

Mag mancher sich dem Ruf entziehn,
du nicht, weil Jesus Christ
dein Bruder ward und du durch ihn
des Bruders Hüter bist.

Ob einer unter Mörder fiel,
in Schuld verloren ging,
dein Bruder ist's – Mensch, frag nicht viel,
den Liebe auch umfing.

Die Liebe, die am Kreuze litt,
hat dich und ihn gemeint
und, ob's dein blindes Herz bestritt,
zur Bruderschaft vereint.

EmK 448

Morgenlied

Nun ist vorbei die finstre Nacht,
die liebe Sonne leucht' und lacht
und lässt uns fröhlich leben.
So wollen wir uns diesem Tag
und allem, was er bringen mag,
von Herzen nun ergeben.

Wir wolln uns wie das liebe Licht,
so unbekümmert, warm und schlicht,
dem Lebenstage schenken.
Wir sollen Gottes Strahlen sein.
Gott will durch uns sich tief hinein
in seine Erde senken.

Gott schenkt sich uns in dieser Welt,
hat uns in ihr zum Dienst bestellt,
ihm Dank und Lob zu leben.
Das ist, du Mensch, deins Lebens Sinn,
dass du dich wiederum gibst hin
dem, der sich dir gegeben.

EG Kurhessen-Waldeck/Hessen-Nassau 644, RG 577, EmK 825

Morgenlied

Vorüber ist die dunkle Nacht,
Gott wacht mit neuen Gnaden.
Er nahm im Finstern mich in Acht
vor Unfall, Leid und Schaden.
Ich durft in Gottes Armen ruhn;
in seinen Händen bin ich nun
zum neuen Tag geladen.

Der neue Tag birgt Lust und Last.
Ich blick ihm fest entgegen
und will, gestärkt durch Ruh und Rast,
nun froh die Hände regen;
will keiner Arbeit Mühsal scheun,
vielmehr mich meines Werks erfreun
auf meines Gottes Wegen.

Gott hat sein Werk aus Lieb getan
und kann's nicht anders treiben.
Er musst' der Welt von Anfang an
sein ganzes Herz verschreiben.
Und ob die Welt gleich viel verschuld't,
wollt' Gott mit Huld und viel Geduld
aus Gnad ihr Vater bleiben.

So will ich, da der Tag beginnt,
mein Tagwerk auch beginnen
und, liebreich wie mein Gott gesinnt,
nur lauter Gutes sinnen
und, wie das Licht sich selbst verschenkt
und sich hinein ins Dunkle senkt,
in Gottes Schöpfung dienen.

EmK 584

Mittagslied

Herr Gott, gib uns das täglich Brot,
wie du bisher gegeben,
und hilf, dass wir nach dein'm Gebot
durch Brotes Kraft dir leben!

Doch kann kein irdisch Brot allein
uns hier auf Erden nähren,
du musst, Herr Christ, das Brot uns sein,
das Leben kann gewähren!

Hilf, Heilger Geist, und lass uns nun
auch selbst zum Brote werden,
was uns im Brot geschah, auch tun
an allen hier auf Erden!

EG Niedersachsen-Bremen 633, EG Nordelbien 630, JuF 649

Tischgesang / Kanon

Du gabst der Welt das Leben,
gibst ihr das täglich Brot,
hast beids auch mir gegeben,
ich dank dir, lieber Gott.
Amen, Amen.

EG Württemberg 668

Abendlied

Herr Christ, mit dir der Tag begann;
du sandtest deinen Segen
und schrittest meiner Fahrt voran,
brachst Bahn auf meinen Wegen.

Ich hab mich dir von Herzensgrund,
Herr Jesu Christ, verschrieben
und bin dir doch so manche Stund
Gefolgsmann nicht geblieben,

und musste, wo ich von dir wich,
mit Leib und Seele büßen,
und wusste, dass ich nur durch dich
find Heil und gut Gewissen.

Mich reut, wo ich mich dir versagt;
wollst, Herr, die Schuld vergeben!
Und schreite, wenn es wieder tagt,
mir neu voran zum Leben!

EmK 599

Zur Jahreswende

Dein ist das Jahr, dein ist die Zeit.
Dein, Gott, ist alle Ewigkeit.
Dein ist die Welt, auch wir sind dein;
kann keins hier eines andern sein.
Dein ist der Tag und dein die Nacht,
dein, was versäumt, dein, was vollbracht.
So gehn wir, Gott, aus dem, was war,
getrost hinein ins neue Jahr,
ins Jahr, dem du dich neu verheißt,
Gott Vater, Sohn und Heilger Geist.

EG Bayern/Thüringen S. 131, EG Württemberg S. 157 (jeweils nur Text)

Im Angesicht des Todes

Mein Leben und mein Tod sind dein,
ich bin mir selbst nicht eigen.
Ich leb und sterb auf dich allein,
kann nur in dir geborgen sein
und muss mich dir, Gott, beugen.

Du hast mich dir ins Licht gestellt,
mit Namen rufst du jeden.
Drum lebt und stirbt und steht und fällt
auch jeder dir, du Herr der Welt,
allein und unvertreten.

Ich wag mein Leben und den Tod
allein in deinem Namen.
Du bist trotz aller Erde Not
in Zeit und Ewigkeit mein Gott,
und ich bin dein, Herr. Amen

RG 757 (nur Text)

Du bist der große Treue

Gedichte zur Gottesfrage

Gott

Du bist der große Unbekannte,
und tastend such ich deine Spur,
und wie dich alle Zeit benannte,
weiß ich auch deinen Namen nur,

folg wie ein Tier der fremden Fährte,
will ich dich fassen, bist du weit,
und immer greif ich nur die Erde
und statt der Ewigkeit die Zeit.

Doch tappend, stürzend auf dem Pfade,
den, Gott, dein Fuß gegangen ist,
erkenn ich – seltsam dunkle Gnade –,
dass du, mein Gott, der Jäger bist,

und bist dem Wilde nachgegangen
und holst mich ein und hältst mich fest
und nahmst mich immer schon gefangen
und bist, der nichts aus sich entlässt.

Der Unfassbare

Wir können dich nicht fassen.
Du, Gott, bist viel zu groß.
Wir müssen uns dir lassen
mit unserm Menschenlos.

Wir gleichen Tauben, Blinden,
ganz gleich, wer einer sei;
wir wolln dich suchen, finden –
und tasten doch vorbei.

Und manchmal scheint's, als streife
uns deines Mantels Saum,
doch wie auch einer greife –
er tastet leeren Raum.

Und was auch einer sage,
dich, Gott, dich sagt er nicht.
Wir alle sind nur Frage,
die sich ins Dunkle spricht.

Wir können dich nicht fassen,
bist du doch viel zu groß,
nur dir, Gott, dir uns lassen
mit unserm Menschenlos.

Totaliter aliter

Vor dir, Gott, sind des Himmels Sonnen
nur schwacher Schein, ein mattes Bild,
das große Meer ein kleiner Bronnen,
ein Rinnsal, das im Sand verquillt,
der Räume ungemessne Weiten
vom kleinsten Staub ein kleines Stück
und alle Zeit und Ewigkeiten
nichts als ein kurzer Augenblick.

Wir aber in der Welt Gedränge,
wir messen dich mit Menschenmaß
und bannen dich in unsre Enge
und irren ohne Unterlass.
Wir streiten uns in unsern Schranken
und wirbeln Staub und haschen Wind,
obwohl doch unsres Geists Gedanken
dir unaussprechlich ferne sind.

Gott, lass mich nur ein wenig ahnen
von deines Wesens Wirklichkeit;
kann ich nicht wissen deine Bahnen,
ach, Ahnung schon ist Seligkeit!
Und muss ich so die Ohnmacht spüren,
dir, fern und grenzenlos allein,
lass mich, Gott, mich an dich verlieren –
verloren und geborgen sein!

Deus absconditus

Herr, wenn unser Herz sich bangt,
dass wir schier vergehen,
ach, du weißt, wie uns verlangt,
dich, o Gott, zu sehen,
dich in deiner Herrlichkeit
ganz und gar zu fassen
und, gebannt in Raum und Zeit,
nimmer dich zu lassen.

Doch, wer Gott schaut, ach, der stirbt!
Keiner kann dich wissen.
Wer der Sonne naht, verdirbt,
in die Glut gerissen.
Weil dich keiner je ertrug,
Ewiger, ohne Hülle,
ist, was du uns zeigst, genug
deiner Gottheit Fülle.

Lass uns tiefer dir vertraun
und getroster gehen!
Kann kein Auge, Gott, dich schaun,
kann's doch Spuren sehen,
Spur von Schritten, die zur Nacht
still vorübergingen,
Strahlen, die mit Übermacht
durch das Dunkle dringen.

Lass uns dich in Jesus Christ
allezeit gewahren!
Der der Gottheit Spiegel ist,
muss dich offenbaren.
Lass sein Leben, Kreuz und Tod
Hilf und Heil uns werden,
dass wir stets trotz Angst und Not
hier bestehn auf Erden!

Gott schweigt?

Hin durch die Welt hallt Gottes Schritt.
Wir hören's wohl. Wir achten's nicht.
Geht keiner Gottes Wege mit.
Glaubt jeder an sein eignes Licht.

Her durch die Welt gellt Gottes Schrei,
der Ruf von Rettung und Gericht:
Dass Gottes Welt auch Gottes sei!
Wir hören's wohl. Wir achten's nicht.

Gott kommt und ruft, Gott geht und schweigt,
enthüllt, verdeckt sein Angesicht.
Doch wie auch immer Gott sich zeigt –
wir hören's wohl, wir achten's nicht!

Der Unveränderliche

Und ob die Menschen meinen,
sie hätten ihn besiegt,
und mag es auch so scheinen,
als ob Gott unterliegt,
er bleibt doch durch die Zeiten,
der er gewesen ist,
und sorgt schon, dass sein Schreiten
die Welt nicht ganz vergisst.

Und graut uns vor dem Morgen,
getrost, starb Gott denn heut?
Will's Gott, wird unser Sorgen
wie Spreu im Wind zerstreut.
Nun mag die Hölle wüten,
ihr Sturm an Gott zerbricht!
Er wird sein Windlicht hüten,
und drum verlöscht es nicht!

Der Unnennbare

Du kannst Gott nicht erkennen,
zu matt ist auch dein höchster Flug.
Du brauchst Gott nicht zu nennen,
Gott ist sich, wahrlich, selbst genug.

Doch willst du Gottes sein,
so lass ihn dich durchfluten,
verzehren und durchgluten –
so dienst du Gott allein!

In Gottes Händen

Und immer wieder brauchen wir das Bild,
das schon die Väter sagten und besangen,
von jenen Händen, die die Welt umfangen
wie Vaterhände, liebend, stark und mild,

und die uns bergen, schützen wie ein Schild,
wenn dunkle Wetter ob den Häuptern hangen,
den Hunger stillen und auch das Verlangen,
das sonst auf Erden keine Hand uns stillt.

Und Bild und Gleichnis werden niemals enden.
Wir werden immer diesem Bild vertrauen,
das Gottes Wesen uns so tief beschreibt.

Und wenn uns nichts mehr hier auf Erden bleibt,
wenn wir versinken gar in Tod und Grauen,
wir wissen dennoch uns – „in Gottes Händen".

Freude und Leid

Gott schuf die Freude und er gab das Leid.
Mit einer Weisheit, die nicht wankt und endet,
hat er stets beides, Freud und Leid, gespendet.
Geheimnisvoll aus seiner Ewigkeit

gießt er den Segen über Welt und Zeit,
ob er das Leid, ob er die Freude sendet
und Freud in Leid und Leid in Freude wendet.
Er fragt: Ist, Mensch, dein Herz für mich bereit?

Wir bitten menschlich alle um die Freude
und schaudern menschlich alle vor dem Leide,
vermessen wär es, um das Leid zu bitten.

Doch weiß ich wohl, dass Gott die Welt durch Leiden
so tief gesegnet wie durch keine Freuden
und dass ihm danken, die das Leid durchlitten.

Frage und Antwort

Wir fragen wohl, doch Gott lässt sich nicht fragen.
Wir klagen wohl, er aber bleibt verhüllt.
Und wenn wir rechten, wird von Gottes Bild
der dunkle Schleier nicht zurückgeschlagen.

Erst wenn wir stumm uns vor sein Antlitz wagen,
zu hören nur und nur zu schaun gewillt,
wird uns das Herz, wird jeder Sturm gestillt
und Gott fängt an, uns seinen Weg zu sagen.

Was ich jetzt tu, so spricht er in die Nacht,
du weißt es nicht, doch wirst du's einst erfahren.
Du bist ein Mensch und misst die Welt nach Jahren.

Ich aber hab vor Raum und Zeit bedacht,
was dir, mein Kind, den schweren Kummer macht,
und werd, was mein, in Ewigkeit bewahren.

Gottes Geduld

Gott schweigt der Welt. Doch ruft er laut im Schweigen
den Erdenball, ob er noch hören kann.
Gott ist nicht tot! Gott lebt! Und er weiß, wann
er sich der Welt wird wieder anders zeigen.

Gott wartet lange, dass wir uns ihm beugen,
und er kann warten, denn die Zeit ist sein!
Gott braucht uns nicht! Wir brauchen ihn allein,
ob wir auch weit uns in uns selbst versteigen.

Gott hat Geduld, doch lässt er sich nicht spotten,
weil er, der Vater, auch der Heil'ge ist!
Und ob die Welt es noch so oft vergisst,

sie scheitert, will sie selber sich vergotten.
Der Demut nur hat Gott sein Wort gewährt,
dem Sohn, der aus der Fremde heimgekehrt.

Das ist der Mensch

Gott schuf den Menschen sich zum Ebenbild,
dass er auf Erden Gottes Antlitz trage,
doch hat der Mensch seit seinem Schöpfungstage
des Schöpfers Willen nimmer noch erfüllt.

Er stürzt im Trotz der falschen Freiheit wild
in arger Gier verblendet in die Ferne,
greift wahnbesessen in die höchsten Sterne
und hat im Pfuhl den irren Durst gestillt.

Das ist der Mensch! Nicht Blume, Stern und Tier
hat so wie er den hohen Dienst vergessen,
zu dem ihn Gott in seiner Welt berief,

und kein Geschöpf fiel wie der Mensch so tief,
dem seine Gnade Gott hat zugemessen
wie keinem der Geschöpfe jetzt und hier.

Der Deuter

Du bist in allem, Gott, mit deinem Wesen,
in Mensch und Tier, in Blume, Stern und Stein,
du gingst als Schöpfer in dein Werk hinein
und bist im Werk für immer nun zu lesen.

Und doch, mein Gott, wie bist du so verborgen
in Mensch und Tier, in Blume, Stern und Stein!
Ob ich gleich weiß, du musst in allem sein,
bleibst du verdeckt dem Sinnen und dem Sorgen.

Ich seh die Bilder, doch der Deuter fehlt,
der hier auf Erden Gottes Sprache spricht,
den Geist erhellt mit Gottes ew'gem Licht

und offenbart die Zeichen uns, den Blinden –
Gott hat in Christ den Deuter sich erwählt,
und der Verborgne lässt in ihm sich finden.

Bekenntnis

Du bist der Ewig-Eine,
der unser nie vergisst,
der Gott, der ganz alleine
hier unsre Zuflucht ist.

Die Zeit rinnt. Ohn Verweilen
geht alles fort und fort,
und miteinander eilen
wir selbst von Ort zu Ort.

Wir können oft nichts sehen,
so dunkel ist der Pfad.
Dann traun wir ohn Verstehen,
Herr Gott, auf deine Gnad.

Die wird uns wohl versorgen
auch in der größten Not,
und wir sind wohlgeborgen
im Leben und im Tod.

Und unsre Straße wandern
wir fröhlich für und für
von einem Tag zum andern
und sind doch stets bei dir.

Du bist der Ewig-Eine,
der uns und alle Welt
ohn Wandel ganz alleine
in seinen Händen hält.

Der Mensch

Sich selbst hat er, der Mensch, zum Gott erhoben
und ihn, den Herrn, im Wahn entthront, geschmäht,
und erntet Fluch nun, wo er Schuld gesät:
In alle Winde ist verstreut, zerstoben,

was Gott erschuf, vereinigt ihn zu loben;
der Mensch ward Tier, das gierig Beute späht,
des Menschen Feind, der ohne Scham verrät,
was ihn mit Gott und Gottes Werk verwoben.

Das war die Würde: Gottes Bildnis tragen,
Berufung das: des Bruders Hüter sein
und liebend, hilfreich nach dem Nächsten fragen.

Ward Gott entthront, ist jeder Mensch allein
und muss vereinsamt durch die Fremde wandern.
Denn nur in Gott erkennt der Mensch den andern.

Imago dei

Gott schuf den Menschen, schuf ihn sich zum Bilde, –
so steht's geschrieben in dem heilgen Buch
in eines Gottergriffnen großem Spruch,
dem Gott, der Schöpfer, letzten Sinn enthüllte.

Wo aber ist der Mensch, der's je erfüllte,
dess' Wesen nicht versehrt duch Sprung und Bruch,
dess' Antlitz nicht entstellt von Schuld und Fluch,
weil sich das Herz an falschen Wassern stillte?

Und doch schuf Gott den Menschen sich zum Bild!
Und ob wir irr und falsch und töricht handeln,
wir sind gewiss zu anderm nicht bestimmt.

Sich selbst zu schaun, ist Gott, der Herr, gewillt,
will sich in dich, will dich zum Spiegel wandeln,
in dem ein Glanz von Gottes Gottheit glimmt.

Das Unverstehbare

Wie flüchtgem Blick des Teppichs bunte Faden
sich innseits oft wie ohne Sinn verlieren,
in Knoten, Schlingen, wie uns deucht, verirren,
scheint Welt uns wirr, ein Webstück, tief missraten.

Vom Irrtum Gottes scheint die Welt beladen,
wo wir nicht Los, Leid, Not und Tod entwirren.
Lässt Gott die Fäden durcheinander schwirren –
wir zweifeln schnell an Gottes Heil und Gnaden.

Was siehst du, Mensch? Ach, nur des Teppichs Grund,
Gewirr von Fäden, Knoten, Abriss, Enden,
und dich bedünkt: Es kann nichts sein und taugen.

Was wir nicht sehn, ist Gott, dem Meister, kund,
liegt jeder Faden doch in seinen Händen
und ohne Fehl das Werk vor seinen Augen.

Am Abgrund

Wir stehn an eines Abgrunds Rand –
den Abgrund höhlt das leere Nichts –,
sehn ohne Weg und Flucht gebannt
hinab erschrockenen Gesichts.

Das Letzte, das der Blick ersieht,
heißt Schicksal, das kein Sinn begreift,
heißt Tod, dem keiner sich entzieht,
heißt Schuld, die keiner von sich streift.

Und dann ist nichts – kein Ziel noch Halt –
und aus der Tiefe raunt's: Verdirb!
Es greift zum Herzen jäh und kalt:
Verfluche, Wesen, dich und stirb!

Wer nie sein Dasein so erfuhr,
der kennt es nicht, der lebt noch kaum.
Mensch wirst du an der Grenze nur,
verzweifelnd hier in Zeit und Raum.

Und steht dir dann die Gnade bei,
erscheint dir auf dem Grund des Nichts
ein Licht, dass dir's die Rettung sei,
ein Glanz des göttlichen Gesichts.

Und Gott, der ewige, letzte Sinn,
nimmt, was dich schreckt, den Abgrund auf;
ein Meer ohn' Ende und Beginn
birgt alles Daseins Bahn und Lauf,

verschlingt in sich Welt, Raum und Zeit,
Leid, Kreuz und Schicksal, Schuld und Tod
und Himmel, Hölle, Ewigkeit
und dich und mich – der Abgrund: Gott!

Das Wagnis

Und immer war's, als ob mich einer riefe
nachts übers Meer: Komm her! Ich bin's, dein Gott!
Und ganz getrost ließ ich mein kärglich Boot
und schritt zu ihm ob schwanken Meeres Tiefe.

Und immer, ach, wand ich den Blick vom Ziele,
sah Sturm und Wellen, sah den Abgrund, mich –
und schrak und schrie: Wie kann der Mensch, wie ich
das Meer bezwingen und der Wogen viele?

Doch sinkend schon zum Tod, ins Dunkle, Leere,
sah ich die Hand, sah, mich zu halten, Gott,
und wieder rief, der eh zu gehn gebot:
Wag, Mensch, den Weg zu mir ob schwankem Meere!

Anders kann dich Gott nicht segnen

Nur was erschüttert, kann uns auch bewegen.
Was uns bewegt, nur das kann uns verwandeln.
Nur was uns wandelt, wird uns selbst zum Segen.
Nur die er segnet, ruft sich Gott zum Handeln.

Drum bete, Mensch, und bitt mit Furcht und Zittern,
Gott mög dein Herz – es sei durch Lust und Freuden,
durch Tod und Leben und durch Last und Leiden –
dass er dich segne, bis zum Grund erschüttern!

Gnade und Gericht

Schau ich mich, Herr, in deinem Lichte an,
sinkt mir vor dir der Blick in Scheu und Scham.
Du bist das Licht, dem niemand nahen kann,
und dem gottflüchtig keiner je entkam.

So bin ich ganz, Gott in dein Licht gebannt,
weiß mich dir nah wie, ach, auch weltenfern,
weiß mich von dir in meiner Schuld erkannt
und hör, mir nah, dich meinen Gott und Herrn.

Herr, was du sprichst, ist Gnade und Gericht.
Gericht und Gnade, immer dies allein.
Du beugst und hebst mein Herz und mein Gesicht,
sprichst im Gericht noch gnädig: Du bist mein!

Creatio ex nihilo

Du bist der Tiefverhüllte
und bist doch offenbar,
der eh und je erfüllte,
was arm und hungrig war.

Und nur dem Leeren, Armen
hast du dich eingesenkt,
dem aber dein Erbarmen
ohn jedes Maß geschenkt.

Frei mich von allem Truge,
drin sich mein Herz noch plagt,
mach mich zum leeren Kruge,
zum Knecht, mein Gott, zur Magd,

ja töte mich, lass sterben,
was noch in sich bestand,
bild neu aus meinen Scherben
den Krug mit eigner Hand!

Ward ich erst ganz zunichte,
erweck mich aus dem Nichts
und schaff durch dein Gesichte
den Widerschein des Lichts!

Herr der Welt

Über aller Erde
leuchtet, Herr, dein Licht.
Über Fahrt und Fährde
wird uns Zuversicht.

Sonne ist dein Bilde,
Gleichnis jeder Schein,
Sterne müssen milde
deine Zeichen sein.

Ist der Tag verhangen,
Nacht voll Finsternis. –
Noch in Angst und Bangen
sind wir Lichts gewiss.

Über aller Erde
ist, was sie erhält.
Über Fahrt und Fährde
bist du, Herr der Welt!

Du bist der große Treue

Du bist der große Treue,
der unser nie vergisst,
der täglich uns aufs neue
ein lieber Vater ist.

Wir haben's nicht erworben
und, wahrlich, nicht verdient;
wir wären längst verdorben
wie ein verloren Kind.

Du aber hast in Gnaden
tagtäglich uns bewahrt,
hast auf den dunklen Pfaden
als Licht dich offenbart.

Hab Dank für dein Geleite,
Dank für das täglich Brot!
Hab Dank, dass du bis heute
uns hilfst in soviel Not!

Hab Dank für dein Erbarmen,
dein Güte und Geduld!
Hab Dank, dass du uns Armen
vergibst die große Schuld!

Ohn dich wir hätten keinen,
der uns hier trägt und hält.
Wir aber sind die deinen
vom Anbeginn der Welt.

Du bist der große Treue
im Leben und im Tod.
Wir bergen uns aufs neue
in dir, du unser Gott!

Dein ist das Jahr, dein ist die Zeit

Geistliche Lieder durchs Kirchenjahr

Sehnsucht

Ach, dass der Himmel risse
und du führst selbst herab
und brächst die Finsternisse,
die Schuld, den Tod, das Grab,
all Angst und Not der Erde,
die Schwermut allerwärts,
und gäbst, dass Friede werde,
dich selbst in jedes Herz!

Wohl bist du, Gott, gekommen
seit Anbeginn der Welt,
hast Wohnung dir genommen
in deinem Sternenzelt,
ja, gingst auf unsern Straßen
und hast dich uns zugut,
du Ewiger, eingelassen
in unser Fleisch und Blut.

Doch Jahr und Tag aufs Neue
schreit unser Herz nach dir,
braucht deine Huld und Treue
und sucht dich jetzt und hier.
Es hungert, Herr, die Erde
stets nach der Ewigkeit.
Komm, dass dein Friede werde,
Herr, heut in unsre Zeit!

Getroster Advent

Geh auf, mein Herz, mit Freuden!
Von ferne grüßt der Tag.
Die Nacht ist im Verscheiden,
die lastend auf uns lag.
Die dunkelste der Stunden
ist die vor Mitternacht.
Die ist nun überwunden.
Der Tag wird wiederbracht.

Der Tag wird wiederkommen,
doch nicht der alte nur.
Mein Herz hat wahrgenommen
eines neuen Lichtes Spur.
Ein Stern ist aufgegangen,
den ich noch nie gesehn.
Ein Glanz hat angefangen,
wie tausend Sonnen schön.

Wohl stehn wir noch im Dunkeln.
Die Welt wird anders nicht,
doch tröst' mit seinem Funkeln
uns nun das neue Licht.
Weil Jesus Christ geboren,
ist Mitternacht vorbei.
Wir lauschen unverloren
dem ersten Hahnenschrei.

Advent

Im Ring des Jahrs ist nun Advent!
Der Ruf hat uns getroffen.
Am grünen Kranz ein Lichtlein brennt,
ein Licht, und heißt uns hoffen.
Wir Menschen, die im Dunkeln stehn,
wir dürfen in dem Lichte sehn
schier alle Himmel offen.

Advent wird nicht durch Menschenmacht.
Wir können Gott nicht zwingen.
Er aber hat bei sich bedacht,
der Welt das Licht zu bringen.
Er wollt im Licht durch alle Not,
durch Erdenleid und Schuld und Tod
aus lauter Liebe dringen.

Das war ein seliger Advent,
als Gott in Christ gekommen
und, wo wir darben gottgetrennt,
die Wohnung sich genommen.
Nun ist der Welt verlorner Sohn,
das Menschenkind, frei aller Fron
daheim mit allen Frommen.

Wir haben's tausendmal gehört
und alle Jahre wieder,
doch Tag und Jahr gar oft verstört;
viel Lasten beugen nieder.
Ach, dass mein Herz es neu erkennt:
Wir werden wahrlich im Advent
Gotts Söhne, Freund' und Brüder!

Freut euch! Gott ist nah

Hat das Jahr sich nun geründet,
hat der Erdball sich gedreht,
wird uns neu das Wort verkündet,
das in Ewigkeit gegründet
durch die Zeiten geht.

Hört es neu, das Wort der Gnaden,
das der Welt das Leben gibt:
Last und Leid und Schuld und Schaden
hat Gott selbst auf sich geladen,
weil er uns geliebt!

Hört und seht, wie sich's erfüllte
dort inmitten dunkler Nacht,
seht, wie Gott sein Herz enthüllte,
dass er uns das unsre stillte,
seht, was Gott vollbracht!

Weihnacht, Weihnacht wird nun wieder!
Heute gilt, was einst geschah:
Gott stieg aus den Himmeln nieder.
Hebt die Herzen, singt ihm Lieder!
Freut euch! Gott ist nah!

Als einst die Zeit erfüllet war

Als einst die Zeit erfüllet war
in Menschennot und Sünden,
ließ Gott durch seiner Boten Schar
der Welt das Heil verkünden.
Es kam zu uns durch Christ, den Sohn,
aus Mutterleib geboren,
und kam doch her von Gottes Thron,
zu retten, die verloren.

Gott ging in unsre Armut ein,
hat's so in Lieb beschlossen;
er hat in unsre Welt hinein
sein eigen Blut vergossen.
Von Kripp und Stall zu Kreuz und Tod
hat alles er getragen,
der Menschen Schuld, der Erde Not,
ihr Leid und alle Plagen.

Auch meine Last nahm Gott auf sich
in ewigem Erbarmen.
In Christ kam auch das Heil für mich,
den Ärmsten unter Armen.
Des tröst ich mich und fürcht mich nicht
auf dunklen, schweren Wegen.
Mir leuchtet Gottes Angesicht
in Jesus Christ entgegen.

Weihnacht

So dunkel war die Nacht noch nicht,
der Himmel ohne Stern und Licht,
die Welt so ohne Freudenschein,
das Herz in Trauer so allein.

Und als die Nacht am tiefsten war,
das Herz am allerbängsten,
rief Gott durch seine Engelschar
die Welt aus ihren Ängsten.

So ward der Himmel nie erhellt,
noch nie so licht die weite Welt,
so ward der Erdkreis nie erneut,
das Menschenherz noch nie erfreut.

Aus Gottes Lieb in heiliger Nacht
ist uns ein Kind geboren!
Dies Kind hat Gottes Licht gebracht
der Welt, die ganz verloren.

Welt, dir ist wunderlich geschehn!
Mein Herz, heb an, es auch zu sehn!
Ihr Augen, schaut, was Gott getan!
Du Erde, sieh und bete an!

Das Licht scheint in der Finsternis.
muss Raum und Zeit durchdringen!
Und keine Macht, das ist gewiss,
kann dieses Licht bezwingen!

Weihnacht

Die Nacht ist tief. Der Weg ist weit.
Wir wandern durch die dunkle Zeit.

Wir gehn fürbass, doch Schritt für Schritt
geht unsre dunkle Schwermut mit.

Die weint in uns und seufzt und klagt.
Das Herz ist wund und todverzagt.

Die Wegfahrt, ach, ist schwer und lang.
Wir sind allein, und uns ist bang.

Wir gehn – wohin? Dem Lichte nach,
von dem zur Nacht der Engel sprach.

Denn irgendwo am Rand der Welt,
da ist das Hüttlein aufgestellt,

drein Gott sich gab zur Nacht als Kind,
dass ruhlos Herz hier Ruhe find'.

Hirten hörten Gottes Kunde

Als die Zeit erfüllet war
und Gott sprach ein neues Werde,
wussten's nicht die Herrn der Erde;
keinem wurde Gotts Gebärde,
keinem Großen, offenbar.

Diese Welt ist taub und blind,
hat sich selber nur im Sinne,
dass sie Macht und Ruhm gewinne,
hört und sieht nichts vom Beginne
Gottes in Marien Kind.

Hirten waren's auf dem Feld,
armes Volk in nächtiger Stunde,
und sie hörten Gottes Kunde
tröstlich aus der Engel Munde,
sahn im Stall das Licht der Welt.

Gott lässt leer, die reich und satt.
Doch nun weiß ich sein Verheißen:
Immer will er tränken, speisen
den, der nach der Menschen Weisen
gar nichts ist und gar nichts hat.

Herr, in Demut bitt ich dich:
Kann ich mich, den Elend-Armen,
nicht erleuchten, nicht erwarmen,
ei, so wollst du dich erbarmen,
und mit dir beschenke mich!

Die Weisen aus dem Morgenland

Von Ost gen Westen wandern drei,
zu suchen, wo der König sei,
der, erdgeboren, alle Welt
mit Gottes ewigem Licht erhellt.

Sie gehn fürbass. Das Ziel ist fern.
Sie haben nichts als Stab und Stern,
den Stab, mit dem der Pilger reist,
den Stern, der in die Ferne weist.

So ziehn sie hin bei Tag, bei Nacht
und geben auf das Zeichen Acht,
und zeigt sich heut das Ziel noch nicht,
sie folgen Schritt für Schritt dem Licht.

Wer wüsst das Ziel, verstünd die Zeit?
Ach, Gottes Weg ist fremd und weit!
O lasst uns wie die Weisen gehn,
bis wir am Ziel im Lichte stehn!

Incarnatio

Verleib dich, Gott! Verleib dein Wort
kehr ein bei Mensch und Erde!
Komm her zur Welt, dass jeder Ort
dir Stall und Krippe werde!

Sieh an die Armut, Schuld und Not,
das Elend, all das Grauen!
Komm, Leben, Gott, in unsern Tod!
O Licht, lass dich uns schauen!

Vergilt uns nicht, was wir getan,
nicht, dass wir dich vertrieben!
Aus Gnaden nimm dich unser an
und hör nicht auf zu lieben!

Und sind wir alle taub und blind
in Finsternis verloren,
werd wieder, Gott, wie einst als Kind
in unsrer Nacht geboren!

Gebier dich, Gott, zum andern Mal
in unsern leeren Herzen!
Nimm auf dich aller Erde Qual
und alle unsre Schmerzen!

Bethlehem

Als Christ, der Herr, geboren war
zu Bethlehem, ein kleines Kind,
brach eilends auf die Hirtenschar,
zu schaun, was Engelmund verkünd't.

Nur einer war, der folgte nicht,
der blieb auf dunklem Feld allein,
glaubt' nicht dem Wort, sah nicht das Licht,
sprach: Gott ein Kind? Das kann nicht sein!

Und fernher weit aus Morgenland,
da zogen weise, edle Herrn
gen West, bis ihre Sehnsucht fand
das Kind im Stall dort unterm Stern.

Nur einer war, der zog nicht mit,
der grub sich ein in seine Not
und stieß sich wund bei jedem Tritt;
die andern aber fanden Gott.

So war's seit je, bleibt's wohl allzeit.
Gott ruft und lässt sein Heil geschehn.
Du aber, Mensch, bist du bereit,
den Weg nach Bethlehem zu gehn?

Steh auf! Komm, komm! Heb dein Gesicht,
folg Stern und Engel durch die Nacht
gen Bethlehem! O sieh das Licht!
Das Heil der Welt ist hier vollbracht.

Im Stall von Bethlehem

Ich hab so manchen Tag gewacht
und manche Nacht dazu,
und nicht bei Tag und nicht bei Nacht
bracht ich mein Herz zur Ruh.

Ich lief weltaus und lief weltein,
ach, unstet hin und her,
wollt irgendwo zu Hause sein;
die Fremde lastet sehr.

Doch nirgends fand ich Ruh und Raum,
kaum Dach, das Herberg bot,
trug schwer bis hin in Schlaf und Traum
an Rätseln, Schuld und Tod.

Nun steh ich hier, bin Gottes Gast,
weiß selbst nicht, wie's geschah.
Der ewige Gott liegt hier zur Rast,
und ich find Heimat da.

Gott ging aus seiner Heimat aus,
ward mir, dem Fremdling, gleich.
Nun ist der Stall mein Vaterhaus,
die Kripp' mein Himmelreich.

Post Christum natum

Als es dunkel war auf Erden,
mitten in der stillen Nacht,
hat Gott selbst mit Kindsgebärden
sich zur Erde aufgemacht,
fuhr aus Himmels hohen Hallen,
aus dem königlichen Thron,
uns zu Heil und Wohlgefallen
her zur Welt in Christ, dem Sohn.

Wort ward Fleisch um unsertwillen,
Gott ward Mensch der Welt zugut.
Alle Sehnsucht uns zu stillen,
ging Gott ein in Leib und Blut,
nahm die Krippe sich zum Bette
und nahm auf sich alle Not,
trug zum Kreuz der Schädelstätte
unsre Sünde, unsern Tod.

Nimmer werden wir verstehen,
dass Gott so die Welt geliebt,
nur im Staube kniend sehen,
was Gott gab und wie Gott gibt.
Seit die Krippe ihn getragen,
kennt die Erde sein Gesicht,
trägt noch in den dunklen Tagen
unverlöschlich ewiges Licht.

Simeon

O Herr, nun lässt du deinen Knecht
mit Fried von hinnen fahren.
Aus Gnade, die dein göttlich Recht,
durft ich das Heil gewahren.
Gewartet hab ich, ach, wie lang!
Mir war um Trost oft angst und bang
in dunklen Menschenjahren –

doch konnt ich nicht aus meiner Kraft
das schwere Dunkel wenden,
der Welt und meines Lebens Haft
aus eigner Kunst nicht enden.
Nun aber ist's durch dich geschehn.
Ich hab das Licht der Welt gesehn
und hielt's in meinen Händen.

Du hast in diesem Kind das Heil
der ganzen Welt gegeben.
Den Völkern wird durch Christ zuteil
die Wahrheit und das Leben.
Er aber muss durch Sünd und Not
der Welt erleiden bittern Tod
und gar am Kreuze schweben.

Wir fassen's nicht, was uns geschieht,
und werden's nie erreichen.
Gesegnet aber, wer dich sieht,
o Herr, in deinen Zeichen!
Mein Gott, mein Gott, ich bitt dich sehr:
Das Dunkel lass noch mehr und mehr
von meinen Augen weichen,

bis ich dich einst, du ewiges Licht,
in deiner Gottheit Fülle
von Angesicht zu Angesicht
anschaue ohne Hülle.
Solch Heil hast du mir zugedacht,
als mich zu Christ, dem Kind gebracht
dein Geist, o Herr, dein Wille!

Zwischen den Jahren

Nacht der Nächte, dunkle Nacht
zwischen unsern Erdenjahren,
wund durchweint und weh durchwacht
und von keinem ausgedacht,
der dich je erfahren.

Nacht, du zeigst uns Jahr für Jahr
ungeheuer Raum und Zeiten,
und du machst uns offenbar,
wie mit dem, was ist und war,
wir im Strom entgleiten.

Nichts, so weit die Augen sehn,
birgt das Herz, nichts kann uns halten,
nichts, so weit die Sinne gehn,
lässt die Rätsel uns verstehn,
Nacht, die dich durchwalten.

Dunkle Nacht, du Nacht voll Not
zwischen unsern Erdenjahren,
schwer vom Leben, schwer vom Tod,
Nacht, o Nacht, es kann nur Gott
uns in dir bewahren!

Dein ist das Jahr

Dein ist das Jahr, dein ist die Zeit,
dein, Gott, ist alle Ewigkeit.
Dein ist die Welt, auch wir sind dein;
kann keins hier eines andern sein!

Dein ist der Tag und dein die Nacht,
dein, was versäumt, dein, was vollbracht,
dein Saat und Ernte, täglich Brot,
das Leben samt Geburt und Tod.

O Herr, im Werden und Vergehn
lass ohne Wandel uns bestehn
in deiner Gnade, Lieb und Huld
mit Los und Leid, Angst, Sorg und Schuld!

So gehn wir, Gott, aus dem, was war,
getrost mit dir ins neue Jahr,
ins Jahr, dem du dich neu verheißt,
Gott Vater, Sohn und heiliger Geist.

Nun schlägt die Stunde Mitternacht

Nun schlägt die Stunde Mitternacht.
Die Zeit steht an der Wende.
Das Altjahr ist zu End gebracht,
nun fährt es hin mit schwerer Fracht
und sinkt in Gottes Hände.

So war es immer. Jahr um Jahr
versank in Gottes Gnaden
mit allem, was hier unser war,
mit Angst und Sorge, viel Gefahr,
Not, Tod und Schuld und Schaden.

Wir danken dir, du treuer Gott,
nun, da die Zeit sich wendet,
für dein Geleit durch so viel Not,
für deine Liebe, die kein Tod,
kein Graun des Lebens endet!

Nun nimmt das Neujahr uns an Bord.
Schon treiben wir im Winde.
Bleib bei uns, Herr, mit deinem Wort,
dass unser Herz dich fort und fort
in allen Stürmen finde!

Ins Unbekannte geht die Fahrt,
weiß keiner Ziel und Zeiten.
Uns tröstet Gottes Gegenwart!
Und drohn die Wetter noch so hart,
Herr, du wirst uns geleiten!

Wir gehn dahin

Wir gehn dahin und wissen nicht,
woher, wohin wir wandern,
und kennen kaum von Angesicht
die mit uns gehn, die andern.

In Dämmergrau und Dunkelheit
liegt alles, was wir treiben.
Wie Schatten schwinden Raum und Zeit
und sind kein Haus zum Bleiben.

Da ist viel Fremde, viel Gefahr,
viel Einsamsein und Ferne
und über allem wunderbar
die Rätselwelt der Sterne.

Wir stehn darin, ach, ohne Stand,
gar schwank in Angst und Sorgen,
und ruhn doch wie in mächtiger Hand
wie Kinder ganz geborgen.

Uns trägt die Hand, die alles hält
in Räumen und in Zeiten,
die Hand, in die auch alles fällt
in Zeit und Ewigkeiten.

Hat keiner je genug gesagt
die Wunder all und Fragen!
Wir gehn dahin, sind todverzagt
und leben doch und wagen.

Nun da das Jahr vergangen ist

Wir bitten dich durch Jesus Christ
nun, da das Jahr vergangen ist,
Herr, neu um deinen Segen.
Sei uns auch ferner Halt und Hort
und bleib uns nah mit Geist und Wort
auf allen unsern Wegen!

Ein Wagnis ist die Lebensfahrt;
du aber hast uns treu bewahrt
bisher all Tag und Stunden,
hast väterlich trotz Schuld und Flucht
uns noch im Elend heimgesucht
und neu mit dir verbunden.

Ach, Herr, uns mangelt allezeit
Verstehn, Verdienst und Würdigkeit
auf unsern Erdenpfaden.
Wir haben nichts als deine Huld
in Angst und Leid, in Sorg und Schuld,
nichts, nichts als deine Gnaden.

Lebt niemand hier sein' selbst gewiss.
Uns bangt vor all der Finsternis
im Leben und im Sterben.
Drum, weil sich keins zu helfen weiß,
hilf durch Verheißung und Geheiß,
damit wir nicht verderben!

Gib Kraft, dass uns das Herz nicht wankt!
Stärk Glaub und Lieb! Weck Lob und Dank!
Birg uns in deinen Armen,
wie Mütter ihren Kindern tun!
Lass uns in deinem Frieden ruhn
und schenk uns dein Erbarmen!

So lass uns dieses Jahr bestehn,
und wenn wir tief im Dunkeln gehn,
hilf, Herr, in Jesu Namen!
Es komm das Leben, komm der Tod,
du bist und bleibst doch unser Gott,
und wir sind dein, Herr, Amen.

Zum neuen Jahr

Das walte Gott! Die Zeit verrinnt.
Ein Jahr vergeht. Ein Jahr beginnt.
Zeit steht nicht stille.
Hat nichts hier seines Bleibens Statt,
sucht jed's, wo's Halt und Heimat hat.
's ist Gottes Wille.

Wir gehn dahin, jahraus, jahrein.
Die Zuflucht ist nur Gott allein
bei Nacht und Tage.
Fürs Morgen sorgt nicht eigne Plag.
Es ist genug, dass jeder Tag
das Seine trage.

Wir hatten gestern täglich Brot
und Tag für Tag trotz Angst und Not
genug zum Leben.
Und unverdient ward Gnad und Huld
uns reich in Los und Leid und Schuld
stets neu gegeben.

Was künftig ist, gleicht dunklem Tor.
Wir stehn mit Fragen stumm davor,
oft bang, mit Grauen.
Doch droht im Finstern viel Gefahr,
auch kommend Jahr ist Gottes Jahr!
Gott heißt vertrauen.

All Ding der Welt hat seine Zeit;
ihr Grund und Ziel ist Ewigkeit.
In Gottes Namen,
mit Gott sei jeder Schritt gewagt,
und Gott sei Lob und Dank gesagt
für alles! Amen.

Zum neuen Jahr

Wir sind den Pfad geschritten
gar fremd durch fremdes Land.
Ach, kaum in Zelt und Hütten
das Herz hier Herberg fand!

Wir müssen alle wandern.
Das Ziel muss Heimat sein.
Geht eins hier mit dem andern
und doch zuletzt allein.

Kennt keins Weg, Steg und Straße;
das Jahr hat's nicht enthüllt.
Wer wüsst des Weltlaufs Maße,
den Sinn, der alles erfüllt?

So drängt uns Tag um Tage
von früh bis tief zur Nacht
weltaus, weltein nur Frage,
die eh und je gedacht.

Ringt jeder ganz alleine,
sinnt Leben und sinnt Tod –
und du nur, du, der Eine,
bist unsre Zuflucht, Gott!

Wird Zeit uns fürder treiben,
wie's eh und immer war –
wir wandern, du wirst bleiben,
Gott, auch im neuen Jahr!

Er trug unsre Krankheit und lud auf sich unsere Schmerzen

Trüg Last und Leid und Schmerzen
nur jeder selbst, allein,
wir müssten, krank am Herzen,
schon längst zerbrochen sein.

Doch was uns je bedrücken
und tief bedrängen mag,
trägt Gott auf seinem Rücken
schon seit dem ersten Tag.

Und sind wir so zerschlagen,
dass kaum das Herz noch schlägt,
hilft immer der noch tragen,
der uns und alles trägt.

Das Kreuz ragt hoch weltmitten,
doch wo sein Schatten fällt,
hat Gott schon längst gelitten
für uns das Leid der Welt.

Passionslied

Ach, Herr, die Sünde, die uns scheid't,
ist dieser Erde großes Leid,
ist aller Welt vieldunkle Not
und meines Lebens bittrer Tod.
Kyrie eleison!

Und Adams Fall und Kains Tat,
des Sohns, der dich verlassen hat,
ist meine Schuld, die ich beging,
der Fluch, drin ich mich ganz verfing.
Kyrie eleison!

106

Ich bin auch der, der dich verriet,
der dich verleugnet, der, der flieht,
der dir zum Kranz die Dornen flicht
und der dich schlägt ins Angesicht.
Kyrie eleison!

Ans Kreuz, ans Kreuz, des Henkers Pfahl,
schlug meine Hand dich tausendmal.
Verspott', verspeit', veracht', zerplagt
hab ich dich aus der Welt gejagt.
Kyrie eleison!

Was je ein Mensch begangen hat,
ist alles meine Missetat.
Die böse Lust, in mir sie brennt,
der Hochmut, der von dir sich trennt.
Kyrie eleison!

So bin ich, Gott, das tat ich dir.
Ach, geh nicht ins Gericht mit mir!
Wo blieb' ich, Herr? Was fang ich an,
tust du mir, wie ich dir getan?
Kyrie eleison!

Herr, du bist Gott, und deine Huld
ist größer noch als Sünd und Schuld.
Du nahst dich, wenn ein Sünder schreit,
und hüllst ihn in Barmherzigkeit.
Kyrie eleison!

Wo wir des Wegs am Ende sind,
birgst du, Gott, das verlorne Kind.
Du bist es, der die Brücke schlägt,
bist selbst, der uns hinüberträgt.
Kyrie eleison!

Abendmahl

Wir sind durch dich, Herr Christ, geladen
zum Mahl in deines Vaters Haus,
und hier am Tisch der reinen Gnaden
teilst du die größten Gaben aus.
Was dir dein Vater eingesenkt,
wird uns durch dich, den Sohn, geschenkt.

Es ward der Gottheit ganze Fülle
in dir leibhaftig Gegenwart.
Gott hat in dir schier ohne Hülle
sein Herz und Wesen offenbart
und, was er je zum Heil bedacht,
durch Krippe, Kreuz und Grab vollbracht.

Und alles, was durch dich geschehen,
wahrhaftig, durch dein' Leib und Blut,
das dürfen wir im Glauben sehen
in Speis' und Trank, in irdischem Gut.
Du willst für uns in Brot und Wein
leibhaftig gegenwärtig sein.

Wir sind durch dich, Herr Christ, geladen
zum Mahl in deines Vaters Haus.
Ach, teil uns heute Gottes Gnaden,
teil du, Herr Christ, dich selber aus.
Gib, wo wir irdische Gaben sehn,
dein' Kripp und Kreuz und Auferstehn.

Bereit uns, dass wir recht empfangen
die Gaben, drin du selber bist.
Erweck und still uns das Verlangen,
und noch den Dank, Herr Jesu Christ,
wirk du in uns, die du zu Gast
an Gottes Tisch geladen hast.

Gastmahl Gottes

Herr, wenn zu dir der Ruf mich traf,
lass hell und wach mich hören,
nicht toten Tand, nicht Trug und Schlaf
mein menschlich Herz betören!

Wenn deine Engel Boten gehn
und mir die Wege weisen,
lass, Gott, mich hören, sehn, verstehn,
was sie zu tun mich heißen.

Kein Mensch, kein Zeichen, Ding und Wort
lad mich zu dir vergebens.
In allem lass mich immerfort
verstehn den Ruf des Lebens.

Und lass mich laufen ganz allein
zu dir, Herr, eilends, schnelle,
und heb mich auf und nimm mich ein
an deines Hauses Schwelle.

Ich komm auf Gnade, nicht aufs Recht.
Lass dein Erbarmen walten!
Wollst auch mit mir, dem ärmsten Knecht,
dein freundlich Gastmahl halten!

Am Tisch des Herrn

Dein Mahl, Herr, ist ein Mahl der Gnaden,
ein Mahl, bei dem die Liebe dient.
Du hast dir die zu Gast geladen,
die, tief in Not und Schuld und Schaden,
dir, Gott, zu nahn sich nie erkühnt.

Du rufst dir von den Zäunen, Hecken
und von den Straßen dieser Welt
die Ärmsten, die im Elend stecken,
und scheust dich nicht, den Tisch zu decken
für die, die keins für würdig hält.

Den Reichen liegt an eignen Dingen,
die ihrer Hoffart wichtig sind.
Du aber, Gott, suchst die Geringen,
die nichts als ihren Jammer bringen,
und liebst noch das verlorne Kind.

So lass mich auch das Mahl versehen
an deinem Tisch hier in der Zeit!
In Speis und Trank lass mich dich sehen,
und lass, Gott, mir dein Heil geschehen
jetzt hier und dort in Ewigkeit!

Ich will, Gott, Bild um Bild bewahren,
darin du je der Welt erschienst,
will leben und zum Tod hin fahren,
der Zeichen froh, die offenbaren,
wie du, Gott, liebst und suchst und dienst.

Komm, Herr, nun auch zu mir in Gnaden
und teil in Brot und Wein dich aus!
Und komm ich schwer von Schuld und Schaden,
mach mir's gewiss: Ich bin geladen
zum Mahl in meines Vaters Haus!

Nach dem Abendmahl

Wir haben beides, Brot und Wein,
Herr Christ, in deinem Mahl genommen,
und du wolltest selber bei uns sein
und sichtbar-unsichtbar herein
in Gottes Gaben kommen.

Du hast dir Speis und Trank ersehn,
den deinen leibhaft dich zu geben.
Dies Wunder ist uns nun geschehn:
Du kamst ob Bitten und Verstehn
und gabst uns Heil und Leben.

Uns ward zuteil in Wein und Brot,
was du im Fleisch für uns erlitten,
uns Sündern hier in Schuld und Not
mit Leib und Blut durch Kreuz und Tod
aus Liebe hast erstritten.

Was uns im Taufbad einst begann,
blieb, wie verheißen, ungebrochen,
doch dass das Herz es glauben kann,
ward's neu uns wie von Anfang an
gewährt und zugesprochen.

Weiß niemand, Herr, dein Gnad und Wahl.
Lass uns nur nicht im Glauben wanken,
und lass uns dir dein Abendmahl
jetzt hier und dann im Himmelssaal
mit Lob und Liebe danken!

Karfreitag

Du bist, mein Heiland Jesus Christ,
vom Vater ausgegangen,
und ob du keinem schuldig bist,
hast du am Kreuz gehangen,
starbst dieser Welt verfluchten Tod.
Ach, Gott war selbst in deiner Not
gebunden und gefangen!

Begreife einer diese Welt,
ich kann sie nicht verstehen!
Doch in dem Spiegel, den sie hält,
muss ich mich selber sehen.
Ich bin doch auch der Welt befreund't
und ließ wie sie gottfremd und -feind
dir Schmach und Leids geschehen.

So einsam hat noch keiner je
in dieser Welt gestanden,
wie du, Herr Jesu, wund und weh
in dieser Erde Banden.
Wer Gottes ist, muss einsam sein.
Dem Teufel wohl, nur Gott allein
sich nie Gefährten fanden.

So stehst du, Herr, in dieser Welt.
Dein Kreuz wirft schwere Schatten.
Die Schuld ist hier zur Schau gestellt,
die wir begangen hatten.
Das Kreuz, das Kreuz ragt überall,
klagt an und künd't den Sündenfall,
verklagt all unsre Taten.

Wir stehen alle im Gericht
und können nicht entfliehen.
Du aber, Herr, verwirfst uns nicht,
hast noch am Kreuz verziehen.

Und wer sich recht am Kreuz erkennt,
bleibt nicht von dir und Gott getrennt;
hier wird ihm Gnad verliehen.

Begreife einer Gott, den Herrn,
ich kann ihn nicht verstehen!
Ich kann, ein Sünder nur von fern,
stumm auf das Kreuz hin sehen,
nur meines Lebens dunklen Pfad
stets im Gericht und doch in Gnad
voll Dank und Demut gehen.

Karfreitag

O dunkler Tag, an dem mein Heiland starb,
und er, der Reinste, der die Welt durchging,
der Herr und Heilige hoch am Kreuze hing
und dorngekrönt am Hass der Welt verdarb!
O dunkler Tag!

O blinde Welt, so stolz und selbstbewusst
fällst du das Urteil, wo sein Spruch dich trifft,
schreibst in dein Buch dein Werk mit blutger Schrift
und schlägst ans Kreuz selbst Gott mit irrer Lust!
O blinde Welt!

O töricht Herz, was hättst du nicht getan
von Anbeginn bis heut zu dieser Stund,
bist ruhlos stets, von Sehnsucht weh und wund,
und kreuzigst doch dein Heil in eitlem Wahn!
O töricht Herz!

O Herr und Gott, dir schrein wir alle Hohn!
Das Kreuz ist Mal der Schuld der ganzen Welt.
Du aber liebst, auch wo der Hohnschrei gellt,
und blickst vom Kreuz auf den verlornen Sohn,
mein Herr und Gott!

Ostern

Du Erde, jauchze Gott dem Herrn!
Ihr Himmel, jauchzt mit neuen Chören!
Lasst alle, alle nah und fern
den Jubellaut der Schöpfung hören!
Gott hat in Kraft und Herrlichkeit
die Welt erlöst aus Todesbanden.
Das Leben ist vom Tod befreit
aus Grabesgrüften neu erstanden.

In Christus ist der Feind gefällt.
Er, der am Kreuz vom Tod verschlungen,
der ist von Gottes Macht erwählt
als Herr durch Tod und Grab gedrungen.
Gott ist der Sieger! Hör's, du Welt!
Nicht Kreuz, nicht Grab, nicht Tod kann enden,
was Gott erschuf und was er hält
allmächtig in den ewigen Händen.

Der Tod ist tot! Das Leben lebt!
Du Welt, dir soll vor nichts mehr grauen.
Und ob dein Herz erschrickt und bebt,
du sollst den Herrn des Lebens schauen.
Das Grab der Welt ist aufgetan,
und Licht ward in den tiefsten Gründen,
und Gottes Bote ruft dich an,
die Auferstehung dir zu künden.

Osterjubel

Frohlocke, Welt, im Osterlicht!
Christ ist vom Tod erstanden!
Das Grab bezwingt das Leben nicht
mit Stein und starken Banden.
Der Tag, das Licht hat größre Macht;
der Abend wird zur Mitternacht
an Lichts Gewalt zuschanden.

Wer's glauben mag, der glaub den Tod,
ich will das Leben glauben!
Es lässt sich doch der ewige Gott
sein Kind, den Sohn, nicht rauben.
Was Gott der Welt zum Heil gesetzt,
das lässt er, wahrlich, nicht zuletzt
in Asche nur zerstauben.

Wohl gab er hin in Kreuz und Leid
das allerliebste Leben;
er aber wusste schon die Zeit,
es neu ins Licht zu heben.
Er brach das Grab, zerriss die Nacht
und hat der Welt mit Übermacht
das Leben neu gegeben.

Frohlocke, Welt, jauchz, sing und kling!
Sing, Welt, vom Auferstehen!
Steh selber auf und sing und spring!
Des Königs Fahnen wehen!
Gott ist der Herr und sein der Sieg!
Welt, wer mit Christ dem Grab entstieg,
wird nimmermehr vergehen!

Singt, Himmel, Sterne, Erd und All,
singt osterfrohe Weisen,
Singt, Baum und Strauch, klingt, Berg und Tal!
Ihr sollt den Herren preisen!
Sing auch, mein Herz, sollst, Menschenkind,
mit allen, die erstanden sind,
auch auferstanden heißen!

Osterlied

Der aller Dinge Ursprung ist,
Gott selbst, ward Mensch in Jesus Christ.
Der ewige Gott, unfasslich groß,
ward Kind in einer Mutter Schoß,
trug Erdenkleid und Menschenlos.
Kyrieleis.

Und er, der Schöpfer aller Ding,
in Jesus Christ am Kreuze hing,
litt aller Welt Schuld, Angst und Not,
starb dieser Erde bittern Tod,
er, aller Welten Herr und Gott.
Kyrieleis.

In Jesu Christ sank Gott hinab
zum Grund der Welt, ins Totengrab.
Die Erde reißt mit irrem Mut
an sich das heilig-höchste Gut,
raubt Gottes Leib, trinkt Gottes Blut.
Kyrieleis.

Doch der in Grab und Tode lag,
Gott selbst, hält Auferstehungstag.
Der Tod bezwingt das Leben nicht.
Gott ist, der allen Tod zerbricht,
schenkt uns in Christ das Osterlicht.
Halleluja.

Ostern

Lass, Herr Christ, uns auferstehn,
wie du selber auferstanden,
aus dem Tod ins Leben gehn,
frei von Grabes Macht und Banden!

Deiner Auferstehung Kraft
wandle all das trübe Wesen!
Lass aus banger, dunkler Haft
uns zum hellen Tag genesen!

Leucht, Herr Christ, du Osterlicht,
in die Finsternis der Erden!
Gib der Welt ein neu Gesicht!
Neu lass auch mich selber werden!

Österliches Lied

Werde österlich, mein Herz!
Lass dir gar nicht grauen!
Schau ins Licht, nicht erdewärts!
Wirf ins Grab Leid, Tod und Schmerz!
Lerne Gott vertrauen!

Christus hat in Gottes Kraft
jeden Tod zerbrochen
und hat auch in deine Haft,
Herz, das Wort, das Leben schafft,
als dein Herr gesprochen.

Stehe auf aus Grab und Tod!
Lass dein Leib verwesen!
Dring durch Tod und Todesnot,
dring mit Christ hindurch zu Gott!
Herz, du bist genesen!

Auferstehung

Heute sollst du auferstehn
aus der Erde Klüften,
heute auferstanden gehn
über Grab und Grüften!

Siehe zweifelnd nicht zurück,
Mensch, mit Sorg und Frage!
Aufersteh und vorwärts blick
heut an diesem Tage!

Wäre Christus tausendmal
aus dem Grab erstanden,
nicht in dir, du bliebst mit Qual
doch in Todesbanden.

Heute will aus deiner Haft
Gott, dein Herr, dich heben!
In der Auferstehung Kraft
fange an zu leben!

Lebe! Geh an Christi Hand!
Aufersteh vom Staube!
Jeder seh, dass Christ erstand,
Mensch, an dir – und glaube!

Ostern

Sagts' überall, ruft's laut ins Land,
dass Christ, der Herr, heut auferstand!
Er stieg aus Nacht und Tod ins Licht,
das Grab hielt seine Beute nicht.
Halleluja!

Christ ist des ewigen Lichtes Glanz,
ihn ihm ist Gott, das Leben, ganz,
und wer ihm folgt, dem wird zuteil
Fried, Freud und Freiheit, Sieg und Heil.
Halleluja!

Glaub, wer da will, den finstren Tod!
Christ ist das ewige Morgenrot,
der helle Tag, das Licht der Welt.
Heil allen, die sich ihm gesellt!
Halleluja!

O wagt's, mit Christ den Weg zu gehn,
aus Grab und Grüften aufzustehn!
Steht auf und lebt mit Jesu Christ,
der Leb'n und Auferstehung ist!
Halleluja!

Lied der Erlösten
An den hohen Festen der Christenheit zu singen

O Freude der Erde! Der Himmel ist offen,
entsiegelt, entriegelt die göttliche Welt!
O seht doch im Glauben, im Schauen und Hoffen
das Licht, das vom Himmel die Erde erhellt!
Singt Friede auf Erden, die Freude sagt allen,
verkündet die Gnade und Gottes Gefallen!

In Christ ist das Ewige irdisch erschienen,
erfüllt und zerbrochen der Tod und das Grab.
Wie gehn da, auf goldenen Brücken, zu dienen
die Boten des Himmels hinauf und hinab!
Singt Friede auf Erden, die Freude sagt allen,
verkündet die Gnade und Gottes Gefallen!

Hier flutet das Leben in göttlicher Fülle,
hier quellen die Brunnen, von Liebe gespeist.
O seht nur, wie schenkt sich der ewige Wille,
Gott, dreifach im Vater, im Sohn und im Geist.
Singt Friede auf Erden, die Freude sagt allen,
verkündet die Gnade und Gottes Gefallen!

Erlöst ist die Erde, entbannt und entbunden!
Ihr, Gottes Geschöpfe, seid königlich frei,
im Leben und Sterben gleich unüberwunden!
Der Himmel ist offen! Gott selbst steht euch bei.
Singt Friede auf Erden, die Freude sagt allen,
verkündet die Gnade und Gottes Gefallen!

Cantate

Singt dem Herrn ein neues Lied!
Jubelt Gott mit frohen Weisen!
Welt, erwecke dein Gemüt,
ihn, den Schöpfer, hoch zu preisen!
Mensch und Erde, betet an!
Gott hat Wunder viel getan.
Er soll Herr und König heißen.

Dankt dem Herrn mit Herz und Mund,
dankt ihm Liebe, Licht und Leben!
Gott hat bis zum tiefsten Grund
seine Gottheit hingegeben,
seine Weisheit, Güt und Macht
wirken, wandeln Tag und Nacht.
Seht ihn, seht ihn walten, weben!

Lobt und liebt ihn, Gott den Herrn,
lobt und liebt ihn, Menschenkinder!
All und Erde, Staub und Stern,
Frühling, Sommer, Herbst und Winter!
Lob ihn, Leben! Lob ihn, Tod!
Lobt ihn, lobt den ewigen Gott!
Lernt ihn loben, arme Sünder!

Singt dem Herrn ein neues Lied!
Jubelt Gott mit frohen Weisen!
Welt, erwecke dein Gemüt,
ihn, den Schöpfer, hoch zu preisen!
Mensch und Erde, betet an!
Gott hat Wunder viel getan.
Er soll Herr und König heißen.

Himmelfahrt

Herr Christ, du bist vom Vater aus
in diese Welt gekommen,
hast hier im armen Erdenhaus
die Wohnung dir genommen,
wardst unser Bruder, Freund und Gast,
trugst Menschenlos und -leid und -last,
ein König, sonder Habe,
vom Kripplein bis zum Grabe.

Dir aber war die Welt zu klein,
konnt dir nicht Heimat werden,
ihr Reichtum konnt dein Reich nicht sein
und nicht dein Grab die Erden.
Du warst im Tod nicht dem zum Raub,
der alles Fleisch hier bannt zum Staub.
Vom Kreuz, da du gehangen,
bist du zu Gott gegangen.

Den Siegesweg durch Höll und Tod
bist du, Herr Christ, gedrungen
und reißt mit dir zum Vater, Gott,
die hier mit dir verschlungen.
Die du zu Brüdern dir gemacht,
führst du mit dir durch Not und Nacht
und rufst: Ich heiß euch hoffen!
Der Himmel ist euch offen!

Wir danken dir, Herr Jesu Christ,
dass du der Welt erschienen
und ganz ein Mensch geworden bist,
den Menschen hier zu dienen,
dass wir durch dich, du Himmelskind,
nun deines Vaters Kinder sind
und, wo du ausgegangen
und bist, das Ziel erlangen.

Pfingstbitte

Wehe, wehe, Gottes Wind!
Komm im Sturm, mit sanftem Sausen!
Weh vom Himmel her mit Brausen,
füll das Haus, in dem wir sind!
Weck, was tot, mit deinem Hauch
und mich auch!

Brich mit deinem Odem ein!
Schür die Glut, fach an dein Feuer!
Du schufst Leben ungeheuer,
wollst auch heute Schöpfer sein!
Gib das Licht, das alle Nacht
leuchten macht!

Schöpfer Geist, du höchstes Gut,
träuf herab wie Tau und Regen!
Schütt auf uns zu Heil und Segen
deiner Gnaden reiche Flut,
dass die Welt, die sonst vergeht,
aufersteht!

Wollst uns bis zum tiefsten Grund,
Herr, verwandeln und erlösen,
dass der Welt im Bann des Bösen
wahre Freiheit werde kund!
Du bist stärker als der Tod,
Schöpfer, Gott!

Herr, du wollst zur Bruderschaft
uns entzünden und verbinden,
dass wir unsern Brüdern künden
deiner Liebe große Kraft,
weil die Liebe nur die Welt
trägt und hält!

Pfingsten

Als Pfingsten war, der hohe Tag,
gab Gott, der Herr, sich kund
der Welt, die tief in Trauern lag,
im Geist aus Himmelsgrund.
Gelobt sei Gott Vater, der Sohn und der Geist!

Da war's wie Sturm und Windewehn,
wie Feuer, Flamm und Glut.
Da schuf der Herr ein Auferstehn
durch seines Geistes Flut.
Gelobt sei Gott Vater, der Sohn und der Geist!

Da standen, die erst todverzagt,
nun aufrecht, ungebeugt,
und haben Gut und Blut gewagt
und froh den Herrn bezeugt.
Gelobt sei Gott Vater, der Sohn und der Geist!

Und sind wir heute starr und tot,
so komm uns heut zugut
der Geist des Herrn, der Geist aus Gott
mit Vollmacht, Kraft und Mut.
Gelobt sei Gott Vater, der Sohn und der Geist!

Es schaff uns Gott, der Schöpfer, neu!
Es helf uns Jesu Christ!
Der Heilige Geist, er steh uns bei,
wie's einst geschehen ist!
Gelobt sei Gott Vater, der Sohn und der Geist!

Pfingstlied

Brich ein, o Gott! O Gott, brich auf!
Vom Himmel träuf, zur Erde lauf!
Brich ein wie Feuer, Sturm und Wind,
erweck, die taub, erleucht, die blind,
ruf, Herr, dein Volk zuhauf!

O Gott, sieh an, sieh an, o Gott,
die Welt in Wirrsal, Angst und Not!
Wir sind gar aus. Nur du weißt Rat.
Bereit uns du in Wort und Tat
dir, Gott, zum Aufgebot!

Komm, Gott, im Geist! Schütt aus dein Wort,
durchglüh das Herz, beweg den Ort,
entreiß aus Schlaf, Tod, Trug und Haft,
schaff Leben, Gott, gib Mut und Kraft!
Du, Herr, bist Halt und Hort!

Veni Creator Spiritus

Komm, Schöpfer Geist, und wehe,
du heiliger Gotteswind,
weck heute auf wie ehe,
die tot und schlafend sind!
Du hast im Schöpferwalten
im Anbeginn mit Macht
im Wunder der Gestalten
ein herrlich Werk vollbracht,

hast still mit sanftem Sausen
verwandelt Herz und Welt,
erweckt mit Sturmwinds Brausen
das starre Totenfeld,
und wo wir nichts mehr glaubten,
nichts hofften und nichts sahn,
hast du uns Leergeraubten
dein größtes Werk getan.

Und kann kein Sinn erfassen
solch wunderlich Geschehn,
wir können es nicht lassen,
um dich, o Geist, zu flehn.
Schaff aus dem Nichts das Leben,
entreiß aus Schlaf und Tod;
wollst neu dich wiedergeben,
du Schöpfer, Herr und Gott!

Herr Gott, der Kirche dich erbarm

Herr Gott, der Kirche dich erbarm,
die Neid und Streit verstört,
die Kirche, Herr, ist nackt und arm,
verirrt, verwirrt, betört.

Wir wussten nicht mehr, was es heißt,
den heilgen Geist erflehn.
Nun bitten wir den heil'gen Geist
aus Not um neues Wehn!

Wir wissen wieder, dass die Welt
der Kirche Grund nicht sei,
dass aber, wenn die Kirche fällt,
die Welt auch bricht entzwei.

Die Kirche baut nicht Menschengunst,
nicht Menschentrotz sie fällt.
Gott hat sie ohne Menschenkunst
sich in die Welt gestellt.

Die Kirche braucht nicht Sicherheit,
nicht weltliche Gewalt.
Der Kirche Schmuck ist Niedrigkeit,
ist Christi Knechtsgestalt.

Drum schaffe deine Kirche neu,
der du ihr Ursprung bist,
dass sie ein Licht der Erde sei,
dein Leib, Herr Jesu Christ!

Heilig ist unser Gott

Heilig, heilig, heilig bist
du, Gott, Herr der Himmelsheere!
Alles, was geschaffen ist,
riefst du, Schöpfer, dir zur Ehre.
Alles ist dein Eigentum
und verkündet deinen Ruhm.

Lichtglanz deiner Herrlichkeit
schmückt das Erdreich, füllt die Lande,
bricht in unsre Dunkelheit,
leucht' in Christ und löst die Bande.
Lob sei ihm, dem Lobpreis frommt,
der im Namen Gottes kommt!

Hilf uns, Heiliger, ewiger Gott!
Wirk das Wollen und Vollbringen!
Mach uns stark in Not und Tod!
O, Herr, hilf, lass wohl gelingen,
dass wir gleich dem Himmelsheer
leben dir zu Dienst und Ehr!

Vater, Sohn und Heiliger Geist,
Herr, wir rufen deinen Namen,
der uns ewiges Heil verheißt:
Heilig, heilig, heilig! Amen.
Dein allein, Gott, ist allzeit
Reich und Kraft und Herrlichkeit!

Dein Wort schenkt das Leben

Dein Wort, Herr, das die Welt erschuf,
schafft noch und schenkt das Leben.
Noch immer will dein Wort und Ruf
aus Nacht und Tod erheben.
Du, Gott, bist Herr der Welt allein,
musst Schöpfer und Erlöser sein
und, was uns Not ist, geben.

Wir danken dir dein heiliges Wort,
das wir zu Trost empfangen,
dazu dein Haus, den heiligen Ort,
da wir's stets neu erlangen.
Gib, dass dein Geist uns mehr und mehr
recht hören und recht reden lehr,
was, Gott, aus dir ergangen!

Die Welt muss ohne dich vergehn.
Füll ihr die leeren Hände!
Lass, was erstorben, auferstehn!
Aus Gnad und Güte wende
du selbst die dunkle Welt zum Licht,
dass Herr, vor deinem Angesicht
all unser Elend ende!

Wir beten dich, du Ewiger, an
und rufen deinen Namen.
Wir sind den deinen zugetan,
die eh schon zu dir kamen,
und schaun vereint, was du verheißt,
in dir, Gott Vater, Sohn und Geist,
den Himmel offen. Amen.

Bitte um Gottes Geist

Wir lodern nicht in Flammen,
uns fehlt des Glaubens Mut.
Wir sanken ganz zusammen,
und Asche deckt die Glut.

Wofür die Väter stritten
in Heerchrists Heer und Bahn,
und hart die Zeugen litten,
wie gar ist das vertan!

Das Feuer wird erhalten
nur, wenn's beim Feuer bleibt.
Drum muss der Christ erkalten,
der fort von Christus treibt.

O brich mit Sturmwinds Wehen,
du Gottesgeist, herein
und lass uns auferstehen
in Brand und Flammenschein!

Fach an in uns ein Feuer!
Weck auf des Glaubens Glut,
du Gott, der ungeheuer
auf Erden Wunder tut!

Herr Christ, du stürmst im Lande

Herr Christ, du stürmst im Lande,
der Welt ein Wettersturm,
weichst keinem Widerstande,
sprengst mächtig alle Bande,
brichst Mauern, Wehr und Turm!

Herr Christ, Glut ohnegleichen,
Sturm, Flamme, flutend Meer,
du willst und kannst nicht weichen,
weil Ewigkeiten reichen
in dir zur Erde her!

Herr Christ, in Vätertagen
zum Herzog frei erkürt,
du hast in Not und Plagen,
im Leben, das wir wagen,
uns immer wohl geführt!

Herr Christ, wollst uns nicht lassen!
Wenn dich das Volk verlässt,
verwirrt vom Schrei der Gassen,
wollst du uns fester fassen!
Herr, halt dein Deutschland fest!

Herr Christ, fach an das Feuer
zu neuem, hellem Brand,
dass Deutschland, das du teuer
errungen, jetzt in neuer
Bereitschaft sei dein Land!

Dreieinigkeit

Lob, Preis sei dir, allmächtiger Gott,
du Herrscher Himmels und der Erde!
Du schufst die Welt durch dein Gebot,
rufst heut wie eh ins Nichts dein Werde!
In Wundern ohne Maß und Zahl
wirkst du, o Ewiger, überall,
und alles muss dir dienen.

Lob, Preis sei dir, Herr Jesu Christ,
du Herr und Hirt der Menschenkinder!
Wo nirgend Halt und Hilfe ist,
bist du das Heil der armen Sünder.
In dir ist Gott von Angesicht,
die Liebe selbst, das ewige Licht
leibhaftig hier erschienen.

Lob, Preis, sei dir, o heiliger Geist,
du mächtiger Strom aus Ewigkeiten,
du Kraft, die allem Tod entreißt
und Leben weckt in allen Zeiten, –
ob je die Welt am Ende war,
du wirkst und machst Gott offenbar
und schenkst ein neu Beginnen!

Lob, Preis sei dir, Dreieinigkeit,
in Zeit und Ewigkeit gesungen!
Wie ist in dir, Dreifaltigkeit,
Gott wundersam mit Gott verschlungen!
Du, den kein Sinn ergründen kann,
wir beten dein Geheimnis an,
von deinem Glanz bezwungen.

Credo

Wir glauben einen Gott und Herrn,
den Schöpfer Himmels und der Erden,
des Wort und Wink Sonn, Mond und Stern,
jed' Ding aus Nacht und Nichts ließ werden
und der sein Werk, die ganze Welt,
in seinen Händen trägt und hält.

Wir glauben an des Vaters Sohn,
der zu uns in die Welt gekommen
und Kreuz und Tod, der Sünde Lohn,
an unsrer Statt auf sich genommen,
der alles für uns trug und gab,
vom armen Kripplein bis ins Grab.

Er starb für uns und ist vom Tod
für uns zum Leben auferstanden,
und aufgefahr'n zum Vater Gott
ins Licht aus Nacht und Erdenbanden,
und lebt mit Gott und herrscht zugleich
ohn End in seines Vaters Reich.

Wir glauben an den Heiligen Geist,
der wie einst Schöpfung und Propheten
die Kirche Christi tränkt und speist,
der tröst' und hilft in allen Nöten,
mit Gott zu leben in der Zeit
und ohne Tod in Ewigkeit.

Sommersonnenwende

Wenn des göttlichen Gesichts
hoher Glanz die Welt umfangen
und im Farbenspiel des Lichts
Blumen voller Schönheit prangen,

wenn ein Widerschein des Glücks
sich in Augen leuchtend spiegelt,
Seligkeit des Augenblicks
den verschlossnen Mund entriegelt,

wenn der Sonne goldner Ball
tiefste Gründe noch durchlichtet
und die Erde sich im All
selbst wie lauter Sonne sichtet –

ach, dann ist der Tag schon nah,
der das alles wieder wendet,
wieder wandelt, wieder endet,
was der Welt im Licht geschah.

Mitten in des Sommers Wonne
erste dunkle Schatten nahn.
Nieder neigt sich nun die Bahn,
hin zum Tode weist die Sonne.

Kürzere Tage, kühlere Wetter
kommen balde, kalte Schauer.
Jähe Winde, welke Blätter
wehn durch unsern Blick voll Trauer.

Herz, du hast nicht viele Sommer,
und den letzten weißt du nicht,
doch du sehnst dich drum nach frommer,
gottgetroster Zuversicht;

wenn die dunklen Tage kommen,
dass du dann geborgen bist,
wenn das letzte Licht verglommen,
Gott noch deine Sonne ist!

Mittsommer/Johannesfest

Nun stehn wir wieder an der Wende.
Das Licht hat seinen Lauf vollbracht.
Die Sonne neigt sich hin zum Ende,
zu Tal und Tod und Herbst und Nacht.

Und am Gestirne schaun wir's wieder:
Hier ist des Bleibens keine Statt!
Wir steigen auf und sinken nieder,
sind heute jung und morgen matt.

Nur Einer wandert durch die Zeiten,
und er bleibt immer, der er ist:
das Licht der Welt von Ewigkeiten,
kommt her von Gott, heißt Jesus Christ!

Wir nehmen ab und müssen fallen,
doch er muss wachsen, immerzu,
und wo er wächst, bringt er in allen
ihr Herz, ihr fragend Herz zur Ruh.

Der dunklen Schwermut tiefes Bangen
löst er mit seines Glanzes Macht:
Wir sind vom Licht, von Gott umfangen
in Tal und Tod, in Not und Nacht.

An dieses Sonnenlaufes Wende

An dieses Sonnenlaufes Wende
verhalt ich meine Schritte still,
schau von der Höhe hin zum Ende
und falte betend meine Hände
und spreche leise: Wie Gott will!

Er schuf des Sonnenbogens Schöne,
den Tag und seine lichte Pracht,
das Leben, dass sich's lechzend dehne,
er weckt des Schöpfungsjubels Töne
und gab die stille, dunkle Nacht.

In ungemessnen, großen Kreisen
geht er, der Schöpfer, selbst einher,
und was wir Tod, was Leben heißen,
ist eins in ihm und muss ihn preisen;
in allem, allem waltet er!

Und bin im Spiele der Gewalten
ich nur ein Staub, – und doch im Plan
des Schöpfers werd auch ich gehalten,
und in der Ordnung der Gestalten
lauf ich gleich Sonn und Stern die Bahn.

Auch was ich nimmer weiß zu nennen,
des Daseins tiefe Lust und Qual,
die mich zu Asche schier verbrennen –
nichts, nichts kann mich von Gott zertrennen;
ich leb und lauf nach seiner Wahl.

Mein Gott, mein Gott, in Tod und Leben,
darin ich bin durch dein Geheiß,
erkenn ich dich, bekenn dein Weben
und will im Todesschrei dir geben,
im Seufzer noch Lob, Ehr und Preis!

Johannesfest

Johannesfest, Johannestag,
lehr du uns recht verstehen,
dass nichts auf Erden bleiben mag
und alles muss vergehen.

Muss alles sinken hin zum Tod,
Gestirn und Menschenkinder.
Nur Einer bleibt, der ewige Gott,
des Todes Überwinder.

Den schaun wir an in Jesus Christ,
weil hier nach Gottes Willen
er selbst, das Licht, zu finden ist,
draus alle Strahlen quillen.

Johannestag, Johannesfest,
nun neigen sich die Tage.
Ach, dass uns, wenn das Licht uns lässt,
Gott auch durchs Dunkle trage!

Johannestag, komm, hilf und lehr
uns von uns selbst zu scheiden,
und in uns wachse Christ, der Herr,
das Gotteslicht, mit Freuden!

Sankt Michael

Sankt Michael! Sankt Michael!
Von allen Gewalten vor Gott und der Welt
trägst du den gewaltigsten Namen.
Zum Hüter und Wächter des Lichtes bestellt,
so stehst du für Gott als der himmlische Held
im Kampf ohne Furcht und Erlahmen.
Sankt Michael!

Sankt Michael! Sankt Michael!
In deinem Gefolg stehn als himmlisches Heer
der Engel erhabene Scharen
und müssen gewaltig wie Berge und Meer
und unüberwindlich mit Waffen und Wehr
den Herren der Welt offenbaren.
Sankt Michael!

Sankt Michael! Sankt Michael!
Du rufst durch die Räume,
du fragst durch die Zeit;
wohlan, ob wohl einer Gott gleiche:
Wer ist wie der Herr,
der Allmächtige im Streit?
Erkennt, da ist keiner, und sucht ihr ihn weit
auf Erd und im Himmelsbereiche!
Sankt Michael!

Sankt Michael! Sankt Michael!
Du siegst ob dem Drachen,
schlägst Teufel und Tod,
des Höllenpfuhls finstre Gesellen,
und stehn wir mit dir unter Gottes Gebot,
wir werden mit Gott und trotz grimmiger Not
im Kampfe den Satanas fällen.
Sankt Michael!

Ernte

Ward wieder Gottes Korn gesät.
Der Acker nahm den Segen auf.
Ward wieder Gottes Korn gemäht.
Das Gottesjahr nahm Bahn und Lauf.

Zu guter Frucht ward gute Saat.
Gott schenkte Wachstum und Gedeihn.
Und was das Feld getragen hat,
das trug uns nun die Ernte ein.

Die Welt hat wieder täglich Brot,
hat's über Bitten und Verstehn.
Wir dürfen mitten in der Not
die großen Taten Gottes sehn.

Solange diese Erde steht,
ist Gottes Güte täglich neu.
Wir gehn dahin, die Zeit verweht,
doch unverwandt steht Gottes Treu.

Dank alle Erde Gott, dem Herrn!
Welt, dank ihm nun und allezeit,
trägt uns doch alle, nah und fern,
nur Gnade und Barmherzigkeit!

Erntefeier

Du ließest deine Güte regnen
auf alle Welt in aller Zeit
und hörtest niemals auf zu segnen
trotz dieser Erde Neid und Streit.

Die Wohltat lass uns recht ermessen,
die du gewährtest Jahr für Jahr,
und keinen Tag uns je vergessen,
dass alles lauter Gnade war!

Und lass, beschenkt mit deiner Güte,
uns lieben, Gott, wie du geliebt,
und wie im Glanz des Lichts die Blüte
ihr Leuchten selig weitergibt!

Nun wird das Korn geschnitten

Nun wird das Korn geschnitten
am sommerheißen Tag.
Das Jahr steht in der Mitten,
und Rosen blühn am Hag.
Das Land ist allerwegen
voll Frucht und ernteschwer,
ist voll von Gottes Segen,
ohn den kein Gräslein wär.

Auch heuer gibt in Gnaden
uns Gott das täglich Brot,
bewahrt das Land vor Schaden
und uns vor Hungersnot,
verschont uns, seine Kinder,
noch immer in Geduld,
beschenkt uns arme Sünder
trotz aller unsrer Schuld.

140

Drum kommt und lasst uns danken
aus tiefstem Herzensgrund
dem Gott, der ohne Schranken
macht seine Liebe kund!
Lasst Dank und Lob uns leben
ihm, der so treu uns liebt,
der uns viel Guts gegeben
und täglich wieder gibt!

Unser täglich Brot

Du schenkst die Erde reich und satt;
sie weiß dir's keinen Dank.
Sie wird von allem, was sie hat,
nur immer stolz und krank.

Da schlägst du, Herr, mit Hungersnot
die Erde weh und wund
und gibst dich uns, allmächtiger Gott,
in strenger Liebe kund.

Herr, lass uns deine Gnade sehn
in Gabe und Gericht
und deinen Willen recht verstehn
im Haben und Verzicht.

Und schenk uns wieder täglich Brot,
weil du doch Leben sinnst,
und wirke selbst bei uns, o Gott,
nun Demut, Dank und Dienst.

Herbst

Nun gilben die Blätter.
Nun löst sich das Laub.
Welk wirbelt's im Wetter
zur Erde, zum Staub.

Muss alles verderben,
im Winde verwehn.
Ich selber muss sterben,
zu Erde vergehn.

Kann keiner begreifen
das Leben, den Tod.
Kann alles nur reifen
und fallen in Gott.
Muss alles zerstauben
wie Asche und Wind.
Kann jeder nur glauben
an Gott als ein Kind.

In tiefer Trauer liegt das Land

In tiefer Trauer liegt das Land,
vom Grau des Himmels überspannt.
Kalt weht der Wind. Der Regen fällt.
Der Tod geht durch die weite Welt.
Hier bricht er Blumen, Gras und Laub
und dort schlägt er das Tier zum Raub,
nimmt hin die Menschen, Jung und Alt,
zerbricht das Leben mit Gewalt.

Und meine Augen sehn den Tod.
Mein Herz erbebt in tiefer Not
und beugt sich schwer der fremden Hand,
die in die Welt den Tod gesandt.
Die ganze Erde, weit und breit,
ist allem schon als Grab bereit.
Was gestern ward, was heute steht,
schon morgen, ach, zu Grunde geht!

Es stirbt das Körnlein, stirbt der Stern,
im Tod find't alles seinen Herrn.
Und blühn die Rosen noch so rot,
es kommt der Herbst, es kommt der Tod,
kommt auch zu mir, er hat die Macht,
vielleicht schon bald, eh ich's gedacht.
Mein Gott, dann lass mich beides sehn:
das Sterben und das Auferstehn!

Allein aus Gnaden

Allein auf dich, mein Herr und Gott,
stell ich mein Leben samt dem Tod,
leg alles, Los und Leid und Schuld,
allein in deine Hand und Huld.

Ich kann mit nichts vor dir bestehn,
muss mit dem Besten noch vergehn,
lauf alle meine Erdenspur
vor dir als armer Sünder nur.

Ohn' dich hab ich in Raum und Zeit
nicht Zuflucht, nirgends Sicherheit,
bin elend, arm, irr, taub und blind,
bin nichts als dein verlornes Kind.

Das bin ich, Gott, bin andres nicht,
und tapp im Finstern ohne Licht,
bin voller Unruh Tag und Stund
und im Gewissen weh und wund.

Doch weil's so ist, so war und bleibt,
bin ich auch, den die Sehnsucht treibt,
bin, der sich täglich von dir trennt,
der täglich auch von Heimweh brennt.

Doch weiß ich, dass ich's nicht erlauf,
tust du mir nicht die Türe auf.
Was hülf's, stünd ich vorm Vaterhaus
und du liefst nicht zu mir heraus?

Das ist's und darauf lass ich nun
mein Leben und mein Sterben ruhn:
Ich weiß die Lieb, die sich erbarmt
und den verlornen Sohn umarmt.

Auf dich allein, mein Herr und Gott,
stell ich mein Leben, meinen Tod,
mein Los, mein Leid und meine Schuld
leg ich in deine Hand und Huld.

Die Zeit ist schwer

Die Zeit ist schwer, sie lastet überschwer.
Was Leib und Seele jetzt an Not ertragen,
gewohntes Wort vermag es nicht zu sagen –
wer wagt mit Bechern sich an Strom und Meer?

Wo Städte blühten, ist es öd und leer!
Das Volk vertrieben, oft verbrannt, erschlagen!
Das reiche Erbe aus vergangnen Tagen,
der Väter Werk – der Enkel find's nicht mehr!

Die Völker brodeln alle im Gericht
und büßen schaurig ihres Abfalls Taten.
Gott, der Vergessne, der jetzt Urteil spricht,

er sucht uns heim – das ist der Sinn der Zeit!
Begreifen wir's? Und sind wir nun bereit?
Durch sein Gericht noch wollt uns Gott begnaden!

Lied am Volkstrauertag

I

Herr, eh die ganze Erde
in Schutt und Trümmer fällt,
komm wieder du und werde
der Heiland deiner Welt!
Gebiete du dem Bösen!
Dein ist die Macht und Kraft!
Wollst retten uns und lösen
aus Banden, Bann und Haft.

Du hast in Vätertagen
dem Feind den Weg verstellt,
schlugst Mann und Ross und Wagen,
hast Starke oft gefällt.
Die Heere, Ross' und Reiter,
lass endlich stille stehn:
Bis hierher und nicht weiter
soll'n eure Schritte gehn!

Da soll'n sich trotz den Schlägen,
die Menschenhand vollbracht,
die stolzen Wellen legen
vor Gottes Übermacht.
Und aus den Schwertern werde
die Pflugschar, die das Brot
des Friedens schafft der Erde
statt Wunden, Not und Tod!

Herr, steure du den Kriegen,
lass Wehr und Waffen ruhn!
Lass, die zu Felde liegen,
ein Werk des Friedens tun!
Wollst dich der Welt erbarmen,
da niemand Halt gebot!
Wir rufen als die Armen
dich, Vater, Herr und Gott!

II

Die Erde loht im Feuerbrand.
Die Welt durchfährt ein Beben.
Die Reiter Gottes sind im Land,
Krieg, Tod und Hunger wohl bekannt, –
was rettet da das Leben?

In Ost und West und Süd und Nord
Verderben, nur Verderben!
Ertrinkt die Welt in Blut und Mord?
Da hilft kein Mensch, da ist kein Wort
und wehrt dem großen Sterben!

Im Hochmut trotzt die Welt zu Hauf,
verblendet, wahnbesessen.
Da brachst du, Gott, den Abgrund auf
und gabst der Hölle freien Lauf
zur Welt, die Gott vergessen.

Nun traf uns alle dein Gericht
mit Not und Tod und Grauen.
In unsre Nächte bricht kein Licht.
Wir müssen, Gott, dein Angesicht
mit Qual verschlossen schauen.

Und dennoch rufen wir dich an.
Wer hilft uns sonst vom Bösen?
Brich du der Hölle finstern Bann!
Da ist kein Mann, der sonst es kann!
Nur du kannst uns erlösen!

Gib Gnad der Welt, o Herre Gott!
Lösch nicht um Schuld das Leben!
Wend Krieg und Not, wehr ab den Tod,
wollst aller Welt das täglich Brot
des Friedens wiedergeben!

Man kann das Licht im Dunkel nur begreifen

Man kann das Licht im Dunkel nur begreifen.
Wir sehn die Sterne nur in finstrer Nacht.
Aus dunkler Tiefe nur die Blicke schweifen
empor zum Lichte, das lebendig macht.

Uns ward das Los, vertraut den dunklen Mächten,
die diese Erde binden zum Gericht,
uns zu verzehren in des Äons Nächten
in tiefer Qual nach Lösung und nach Licht.

Im Streit der Welt, Volk wider Volk entboten,
des Erdteils Blüte sinkt in Trümmer hin.
Aus Schutt und Asche bergen wir die Toten
und fragen schwer nach ihres Sterbens Sinn.

Was gläubig schuf der Väter frommes Trachten,
was treu die Ehrfurcht tausend Jahr bewahrt,
stirbt den Geschlechtern, die den Geist verachten,
der sich im Werk der Väter offenbart.

In wilder Wut drohn der Dämonen Heere,
vom Blut genährt, mit wachsender Gewalt,
der bleiche Tod voran auf dürrer Mähre,
in Hass und Hohn die Augen leer und kalt.

Gott, lass das Licht dem Dunkel nicht erliegen,
und, trotz der Schuld, bewahr uns im Gericht!
Du bist das Licht und wirst gewisslich siegen,
du Gott des Lichts bleibst unsre Zuversicht!

Tod ist nicht Tod

Tod ist nicht Tod. Es wäre Gott nicht Gott,
könnt etwas je aus seiner Hand entfallen.
Doch Gott ist Gott und drum der Tod nicht Tod,
scheint er auch Herr ob allem hier und allen.

Tod ist nicht Tod, auch Leben nicht,
das wir so nennen mit dem Sinn der Erde.
Durch Leben, Tod spricht Gott: Es werde Licht!,
durch Tod und Leben nur dies eine: Werde!

Der Schöpfer Gott, er ist der Herr allein,
und ahnst du, ach, auch nur von fern sein Walten.
Schweig still und bet! Dir klingt's: Du Kind, bist mein!
Und leb und stirb! Getrost! Du wirst gehalten.

Zeig uns im Tod das Leben

Gib uns im Dunkeln, Herr, dein Licht!
Zeig uns im Tod das Leben!
Wend her zu uns dein Angesicht!
Wir können uns, hilfst du uns nicht,
nicht aus der Nacht erheben.

Wir wissen nicht den Sinn der Welt,
verstehn nicht Lauf und Zeiten,
und nichts ist, das uns birgt und hält,
und alles, was wir halten, fällt
samt uns in Dunkelheiten.

Sinkt alles hin, hinab zum Tod,
Gestirn und Menschenkinder,
du aber bleibst, du ewiger Gott,
in aller Welt- und Erdennot
der Herr und Überwinder.

Wir schaun dich an in Jesus Christ
und nennen deinen Namen
durch ihn, der deines Wesens ist
und der uns zeigt, dass du, Gott, bist
Licht, Leben, Liebe, Amen.

Herr, hilf den Tod bestehn

Muss nun gestorben werden,
Herr, hilf, dass mir's geling
und ich getrost auf Erden
den letzten Schritt vollbring!

Lass mich nicht jäh verscheiden,
mein selbst nicht mehr bewusst,
lass meinen Tod mich leiden
so, wie ich leben musst!

Nur gib, wenn ich dann trinke
die bittre Sterbenot,
dass ich zu dir entsinke,
dein ganz gewiss, mein Gott!

Du hast mir aufgetragen,
durchs Leben hier zu gehn,
hilf nun das Sterben wagen
und hilf den Tod bestehn!

Ich will das Leben glauben

Glaub, wer da will, den Tod,
ich will das Leben glauben!
Was Gott erschuf, lässt Gott
sich nicht entfalln, nicht rauben,
lässt nicht ins Nichts zerstauben,
dem er zu sein gebot.

Mag's tausendmal vergehn,
es muss, was eh erschienen,
ihm wieder auferstehn,
ihm neu erblühn und grünen
und seinem Willen dienen;
sein Wille muss geschehn.

Gott sprach: Es werde Licht!
Da war die Nacht zu Ende.
Wort, das der Schöpfer spricht,
wirkt Leben, Wandlung, Wende.
Trotz Tod baun Gottes Hände
ein Werk, das nie zerbricht.

Drum glaub, wer will, den Tod,
ich glaub ein ewges Leben!
Als Gott dem Licht gebot,
da hat er's schon gegeben.
Wir leben, sind und weben
in ihm, dem ewigen Gott.

Die Welt geht ihren gleichen Gang

Die Welt geht ihren gleichen Gang
jahrtausendlang, jahrtausendlang – –

sie geht und kreist – woher, wohin –,
und keiner weiß Weg, Ziel und Sinn.

Wir tappen fremd in Raum und Zeit,
verloren in Unendlichkeit.

Bleibt alles Stammeln für und für,
nur Tasten vor verschlossner Tür.

Und Größres ward noch nie genannt:
Die Welt, sie ruht in Gottes Hand.

Gott ist, der alles trägt und hält,
samt Leben, Tod, die ganze Welt.

In ihm ist Ursprung, Sein und Ziel,
bei ihm allein ist Wahl und Will.

Sei was es sei, es steht im Plan
des Herrn und ist ihm untertan.

In Gott geht alles guten Gang
jahrtausendlang, jahrtausendlang – –

geht guten Gang ohn' Zahl und Zeit
von Ewigkeit zu Ewigkeit.

An Grabesrand

Wir stehn im Dunkel ohne Sicht.
Der Himmel ist verhangen.
Ach, leucht uns, Herr, du ewiges Licht,
da irdisch Licht vergangen!
Du wahres Licht, verlass uns nicht!
Lass leuchten, Herr, dein Angesicht!

Das Licht verging in Nacht und Not,
im Tod verging das Leben.
Du aber bist und bleibst doch Gott
und willst nur Leben geben.
Du wahres Licht, verlass uns nicht!
Lass leuchten, Herr, dein Angesicht!

Und treibst du uns gleich tief hinab,
als wolltst du uns verderben,
du führst uns doch durch Tod und Grab
ins Leben aus dem Sterben.
Du wahres Licht, verlass uns nicht!
Lass leuchten, Herr, dein Angesicht!

Lass uns getrost im Glauben gehn!
Dein Weg ist nie zu Ende.
Wir sterben und wir auferstehn,
Herr, nur in deine Hände.
Du wahres Licht, verlass uns nicht!
Lass leuchten, Herr, dein Angesicht!

Der Fährmann

Hol über, Fährmann, Fährmann Tod!
Wohlan, zur Fahrt bereit dein Boot!
Der Tag ist hin. Der Abend naht,
und Bleibens ist hier keine Statt.
Walt deines Amts, wie Gott gebot!
Hol über, Fährmann, Fährmann Tod!

Noch rinnt und rauscht der Strom der Zeit.
Stromüber dunkelt Ewigkeit.
Stromüber, weit und unbekannt,
liegt groß und still das andre Land.
Da ist mein Ziel. Bring her dein Boot!
G'leit mich hinüber, Fährmann Tod!

Ach, Gott, mir bangt vor Weg und Ziel!
Ich fahr dahin ohn Wahl und Will,
ein Wandrer hier, ein Fremdling dort,
und hab bei mir nicht Halt und Hort.
Hilf du mir, Herr, zur letzten Frist!
Sei du mein Fährmann, Jesus Christ!

Sterbelied

Mein Gott, ich bin bereit,
wenn du mich rufst, zu gehen.
Dein Wille soll in Zeit
und Ewigkeit geschehen.
In Zeit und Ewigkeit
weißt du den besten Rat.
Dein ist Geheiß und Tat.
Herr, hilf bestehen!

Ich bin bereit, doch, ach,
wie bin ich unbereitet!
Ich denke dem nur nach,
der seine Hände breitet,
der Heimat, Herz und Dach
dem ärmsten Sohn gewährt
und den, der heimgekehrt,
ins Haus geleitet.

Mein Gott, ich stehe hier
mühselig und beladen
und trage nichts mit mir
als Schande, Schuld und Schaden.
Doch rufst du mich zu dir,
mein Vater, Herr und Gott,
nimm mich auch durch den Tod
nun auf in Gnaden!

Abendlied für eine Sterbende

Nun senkt sich tief des Tages Bahn,
das Licht ist im Verscheiden.
Der Nacht viel dunkle Schatten nahn.
Ach, Welt, du musst es leiden!

Du musst es leiden, Menschenkind,
dass Tag und Stunden rinnen
und dass sie bald zu Ende sind
und niemals mehr beginnen.

Doch ob auch schwinden Stund und Tag
und Licht und Leben enden,
es sind doch Zeit und Herzensschlag
ganz fest in Gottes Händen.

Licht, Leben, Tag und Nacht und Tod –
ruht alles ungeschieden
und ruhst auch du, mein Herz, in Gott,
ganz tief in Gottes Frieden.

Nun geh den Weg und tu den Schritt

Geistliche Lieder und Gedichte
zum Tages- und Lebenskreis

Zum Geleit

Nun geh den Weg und tu den Schritt
und hab ein fröhlich Herz!
Gott geht auf allen Wegen mit
durch Freuden und durch Schmerz.

Du siehst ihn nicht von Angesicht
mit Aug' und irdischem Sinn
und stehst in Gottes ewigem Licht
doch allzeit mittenin.

Du atmest ihn so wie die Luft
und schwimmst in seiner Flut,
und immer, eh dein Mund ihn ruft,
ruhst du in seiner Hut.

Drum wag den Weg und geh den Pfad,
den Gott dich gehen heißt!
Sein Weg ist immer recht und grad,
wenn du auch gar nichts weißt.

Gib hin dein Herz ihm, der dich rief,
dien dem, der dich gesandt,
und bleib sein Kind und birg dich tief
in Gottes Vaterhand!

Junger Morgen

Du schenkst den jungen Morgen
und rufst zum neuen Tag
die Welt, die nachtverborgen
in Schlaf und Träumen lag.

Du heißt mit Herz und Händen
nun neu nach deinem Rat
beginnen und vollenden
dein Werk durch unsre Tat.

Gib selbst, dass wir vollbringen,
was du, Gott, haben willst!
Herr, hilf! Lass wohl gelingen,
was du zu tun befiehlst!

Sei, wo wir sind, zugegen
mit Führung und Geleit!
Es liegt an deinem Segen
das Heil doch aller Zeit!

Und wehre Schuld und Schaden,
wo wir die Arbeit tun,
und lass uns dann aus Gnaden
in deinem Frieden ruhn!

Hilf Tag um Tag aufs Neue
durch deine Hut und Wacht!
Herr Gott, du bist der Treue,
und dein sind Tag und Nacht.

Morgenlied

Im frühen Licht des jungen Tags
wach ich mit allen Sinnen
dir, meinem Schöpfer Gott, und wag's,
die Wegfahrt zu beginnen
am neuen Tag mit frischem Mut;
du meinst es allerwegen gut
und hilfst das Ziel gewinnen.

Hab gestern Weg und Werk vollbracht
allein durch deinen Segen
und hab im Schlaf der dunklen Nacht
in deinem Schutz gelegen,
darf über Bitten und Verstehn
nun froh das Licht der Sonne sehn
und meine Kräfte regen.

Für Tag und Nacht und Lauf und Bahn
dank ich mit Herz und Munde.
Wie hast du, Gott, mir wohl getan
bis heut in diese Stunde,
gabst Leib und Seel ihr täglich Brot
und hieltest noch in so viel Not
mich fest mit dir im Bunde!

Nun bitt ich dich, mein Herr und Gott:
Bleib, wo ich bin, inmitten!
Ich bin im Leben und im Tod
dein eigen unbestritten,
bin dein in Zeit und Ewigkeit
ohn mein Verdienst und Würdigkeit
und ob Verstehn und Bitten.

Fang an den Tag mit Freude!

Fang an den Tag mit Freude!
Schau froh ins frühe Licht!
Gott zeigt der Welt auch heute
gar freundlich sein Gesicht.
Er schenkt sich alle Morgen,
schafft alles immer neu,
und alles ruht geborgen
in seiner Lieb und Treu.

Gott will sein Werk nicht lassen;
nicht einen Augenblick
bleibt er auf Pfad und Straßen
je einen Schritt zurück.
Drum trau, dass gleiche Güte,
die ob den Welten wacht,
auch dir, dass sie dich hüte,
längst Weg und Ziel bedacht!

Hast unverdient empfangen
allzeit Heil, Hilf und Huld,
wärst ohne Gott vergangen
schon oft in Schand und Schuld!
Nun gib, was Gott gegeben,
gib, was dich trägt und hält,
und trag Licht, Liebe, Leben
gottfroh in Gottes Welt!

Morgenlied für eine Kranke

Mein Leben gibt mir Gott, der Herr,
an jedem Tag aufs Neue,
er weckt mich früh vom Himmel her
und wacht mit großer Treue.
Mit göttlich unbegrenzter Macht
wirkt er im Schöpferwalten.
Ich seh darin mich Tag und Nacht
umfangen und gehalten.

Was mir bestimmt ist, weiß ich nicht,
kenn Anfang nicht noch Ende,
doch stell ich mich voll Zuversicht
getrost in Gottes Hände.
Da weiß ich mich zu aller Zeit
ganz wie ein Kind geborgen.
Des Vaters Güt und Freundlichkeit
wird mich gar wohl versorgen.

Drum komme, was da kommen mag,
und wär's Not, Tod und Leiden,
es kann mich bis zum letzten Tag
von Gott gewiss nichts scheiden.
Es ruht doch alles allezeit,
scheint's uns auch tief geschieden,
von Anfang bis in Ewigkeit
vereint in Gottes Frieden.

Das lass in Gnaden Gott, der Herr,
mich reinen Herzens schauen!
Und stets und still wachs immer mehr
zu ihm hin mein Vertrauen,
dass ich in Gottes großem Sinn
beharre ohne Wanken
und mich ihm geb mit Freuden hin
mit Liebe, Lob und Danken!

An Gottes Segen ist alles gelegen

Nun segne, lieber Herr und Gott,
was wir durch dich und dein Gebot
heut, diesen Tag, vollbringen!
Gib, dass durch uns zu deiner Ehr
gescheh dein Wille mehr und mehr!
Herr, hilf, lass wohl gelingen!

Und ward dein Will durch uns getan,
sieh unser Werk in Gnaden an;
nur dann wird's nicht vergehen.
Was wir vollbracht, geschah allzeit,
Herr, ohn Verdienst und Würdigkeit
ob Bitten und Verstehen.

Mit unsern Vätern wissen wir:
Es kommt doch, Gott, allein von dir
hier Glück und Heil und Segen.
Und wie es war, so wird's auch sein:
An deinem Segen ganz allein
ist alles, Herr, gelegen.

Tischgebete

Gib uns unser täglich Brot.
Segne Mahl und Rast.
Sei in Freude und in Not
unser Herr und Gast.

*

Das Brot, von dem wir leben,
hat Gott, der Herr, gegeben,
ja, alles, was wir haben,
sind Gottes gute Gaben.

Ob Bitten und Verstehen
lässt Gott uns Guts geschehen.
Wir preisen seinen Namen
für alle Güte. Amen.

*

Die Welt hat Brot die Fülle.
Drum ist es Gottes Wille,
dass jeder auch gesättigt werd
und keiner Hunger leid' auf Erd.
Wenn jeder mitteilt, der da hat,
dann werden wir zusammen satt.

*

Wir haben gessen vom täglichen Brot.
Wir wurden gesättigt und leiden nicht Not.
Gott hat uns noch immer viel Gutes beschert.
Er hat uns tagtäglich das Leben gewährt.
Bedenk es, mein Herz, was dein Gott dir getan,
und danke dem Herren und bete ihn an!

*

Herr Christ, sei Gast und Herr im Haus,
teil Gottes gute Gaben aus!
Gib du dich selbst! Du stillst die Not.
Herr Christ, du bist das wahre Brot!

*

Herr, es sind die vollen Ähren,
die im täglich Brot uns nähren.
Wollst uns wie die Ähren füllen,
dass wir helfen Hunger stillen!

*

Herr, was ich habe,
ist deine Gabe,
Mein Leib und Leben
hast du gegeben,
wirst heut und morgen
mich wohl versorgen,
nimmst mich am Ende
in deine Hände.

Besinnung vorm Mahl

Das Mahl, das wir bereitet haben,
hielt Gott schon längst für uns bereit.
Wir haben nichts als Gottes Gaben
von Anfang bis in Ewigkeit.

Wär einer weit die Welt durchgangen
und hieße reich und hoch und groß
und jäh sich nicht beschenkt, umfangen,
er wäre arm und blind und bloß.

Reich ist, wer Gottes Reichtum trauet,
und hoch, wer Gottes Hoheit sieht,
und groß, wer Gottes Größe schauet
und still in Demut vor ihm kniet.

Mittag

Nun wendet sich der lichte Tag.
Die Sonne feiert hoch im All.
Vom Turm her ruft der Glocke Schall
zur Rast von Müh und Plag.
Dankt Gott, dem Herrn!

Herz, dir ist rasten wohl vergönnt,
versäumen aber darfst du nichts!
Bedenk, dass du vom Schein des Lichts
gar bald schon wirst getrennt!
Lobt Gott, den Herrn!

Bet Gott mit deinen Werken an,
ihn, der die herrlichsten vollbracht!
Es kommt der Abend, kommt die Nacht,
da niemand wirken kann.
Dient Gott, dem Herrn!

Mittag

Im Mittag steht der goldne Ball.
Der Himmel brennt in lauter Licht.
Heb von der Erde hoch ins All,
ins Glühn der Sonne dein Gesicht!
Siehe die Sonne!

Und dank dem Schöpfer Glanz und Glut,
des Sonngestirns gewaltige Kraft,
drin alles Leben schwingt und ruht
und draus sich's immer neu erschafft!
Siehe die Sonne!

Bedenk der Werke hohe Zeit!
Hast du das deine schon getan?
Gedenk der Nacht, die nimmer weit,
der Nacht, da niemand wirken kann!
Siehe die Sonne!

In Gott, des Lichtes ewigen Quell,
tauch ganz dein Wesen und Gesicht!
Bad alles, Herz und Augen, hell!
Gott rief auch dir: Es werde Licht!
Siehe die Sonne!

Vater unser im Himmel du!

Vater unser im Himmel du!
Gib deinen Geist dem Beten zu,
dass nicht allein der Mund nur red;
das Herz in Andacht zu dir bet.

Und jeder auch bei seinem Flehn
seh nah bei sich den Bruder stehn
und bitt mit ihm, dass hier auf Erd
dein Nam durch uns geheiligt werd.

Es komm dein Reich, ach, säum dich nicht!
Dein Königtum bei uns erricht.
Dein Will gescheh auch heut und hier
gleich wie im Himmel, Gott, bei dir.

Was Leib und Seel ist täglich Not,
in Gnaden gib, das täglich Brot.
Vergib die Schuld. Mach uns bereit,
dass jeder jedem auch verzeiht.

Send in Versuchung deinen Geist.
dass wir nicht falln, dein Hilf uns leist.
Dein Macht in Not und Tod uns tröst,
bis uns zuletzt dein Lieb erlöst.

Des sind wir froh. Das Reich ist dein,
dein Kraft und Herrlichkeit allein.
Dein, Gott, ist alle Welt und Zeit.
Gelobt seist du in Ewigkeit! Amen.

Abend

Herr, Christ, Herr Christ, der Tag vergeht,
weil Zeit doch niemals stille steht;
's wird Abend schon, bald kommt die Nacht.
Herr Christ, Herr Christ, halt du die Wacht!

Uns ist auf Erd im Dunklen bang.
Weiß keins hier Weg und sichren Gang,
steht jeds ganz mutterseelallein
in Weltangst, Schuld und Todespein.

Herr Christ, Herr Christ, nimm unser wahr
in aller Nacht und Not Gefahr!
Du stillst den Sturm, gebotst dem Meer.
Herr Christ, du bist auch heut noch Herr!

Ach, sieh, wie unsre Zeit verweht,
wie alles hin zum Tode geht!
Mach uns getrost durch dein Geleit,
gottfroh in Zeit und Ewigkeit!

Herr Christ, Herr Christ, mach's uns gewiss
trotz aller Furcht und Finsternis,
dass nichts im Leben, nichts im Tod
uns scheid't von ewiger Lieb, von Gott!

Das Licht verlischt

Das Licht verlischt. Die Zeit verrinnt.
Mein Herz, das in den Abend sinnt,
gedenkt des Tags, der nun vollbracht,
befiehlt sich Gott zu guter Nacht.

Was sind sie beide, Nacht und Tag?
Was Menschensinn nicht fassen mag:
Ein winzig Stück der schnellen Zeit,
gehüllt in Gottes Ewigkeit.

Ist's so mit Tag und Nacht bewandt,
bin ich wie sie in Gottes Hand.
Mit Schlaf und Wachen, Leben, Tod,
ich leb' und sterb' und bin in Gott.

Drum weiß ich Bessres nicht zu tun,
als still und froh in Gott zu ruhn,
und, lässt mich Gott den Morgen sehn,
zum Tag ihm fröhlich aufzustehn.

Nacht

Ich liege, Gott, im Dunkel deiner Nacht
und taste mich durchs Finstre zu dir hin.
Ich kenn dich nicht und weiß nicht, wer ich bin,
ich seh mich nur in abgrundtiefem Schacht

weit, weit von dir – und doch in deiner Macht,
in deiner Allmacht, Gott, doch mittenin.
Ja, weil ich bin, so trägt auch mich der Sinn,
der in der Welt sich denkt und sich gedacht

von Anbeginn. Und bleibt auch Nacht um mich,
so tief und schwer, weil nie mein Auge dringt
hinab ins Letzte, in den Grund der Welt. –

Sie wird doch licht! Nacht wird wie Tag durch dich,
und Finsternis verwandelt und erhellt,
weil, wo du bist, dein Licht die Nacht verschlingt.

Taufe

Gott schuf aus Lieb die Welt,
schafft immer neu das Leben,
und er, der gibt und hält,
hat auch dies Kind gegeben.

Sein Ursprung und sein Ziel,
ist Gott, muss Gott auch bleiben,
und fremder Mächte Spiel
kann's nicht aus Gott vertreiben.

Drum sind wir dieserstund
zur Taufe hier geladen.
Gott ist wie eh der Grund
der unermessnen Gnaden.

Wir tauchen wasserein
dies Kind in Gottes Hände.
Da soll geborgen sein
sein Anfang, Lauf und Ende.

Der uns so taufen heißt
in dreimal heiligem Namen,
Gott Vater, Sohn und Geist,
er sei gepriesen! Amen.

Tauflied

Herr, in deiner Gnaden Flut
tauchen wir das Kindlein ein.
Lass in deiner Hand und Hut
dein Geschöpf geborgen sein.
Was mit Wasser hier getauft,
sei, Gott, ewig dir erkauft!

Bleibens ist hier keine Statt,
und wir wandern her und hin,
heute jung und morgen matt;
Zeit sagt nimmer Ziel und Sinn.
Du allein bist unser Gott,
Herr im Leben und im Tod.

Menschenweg hat Lust und Leid,
viel Gefahr und dunkle Schuld,
und wir finden weit und breit
nirgends Halt und Hilf und Huld.
Nur durch dich wird uns zuteil
Fried und Freud, Licht, Hort und Heil.

Herr, im Namen Jesu Christ
bringen wir das Kindlein dar
dir, dem alles Eigen ist,
was da ist und wird und war.
Hilf durch deines Geists Geleit,
Gott, in Zeit und Ewigkeit!

Baptizatus sum

Eh ich zur Welt geboren war,
hast du mich schon, mein Gott, geladen
zum Heil, zu deines Reiches Gnaden,
zum Dienst in deines Reiches Schar.

Und als ich war, hast du mich, Gott,
durch Zeichen sichtbar hier erkoren:
Durch Wort und Wasser ward beschworen
die Neugeburt aus Sünd und Tod.

Nun bin ich dein auf alle Zeit,
in dich getauft, getaucht zum Grunde.
Wie hier und jetzt zu jeder Stunde
gilt dieser Bund in Ewigkeit.

Gott Vater, Sohn und heiliger Geist,
euch ruf ich an, dreifältigen Namen:
Ihr seid mir Zeugen, ewig! Amen.
Das hält gewiss, was Gott verheißt.

Mir aber, Gott, gib du mir Kraft!
Du zählst auf des Getauften Treue.
Und noch trotz Schuld und Schand erneue
du täglich Bund und Ritterschaft!

Confirmatio

Du heißt ein Christ. So sei's auch recht!
Du tägst das höchste Zeichen
und bist des größten Königs Knecht,
dem alle Herren weichen.
Des wahren Adels Ehr ist Pflicht.
Du heißt ein Christ! Sollt dir das nicht
zur Ehr und Pflicht gereichen!

Du heißt ein Christ. So sei gewiss!
Es geht auf Tod und Leben.
Da gilt's: hier Licht, hier Finsternis,
nicht dies und das daneben!
Doch streitst du kühn in diesem Krieg,
trotz Tod und Teufel wird der Sieg
dir ganz gewiss gegeben.

Du heißt ein Christ! So sei getrost!
Es kann dir nichts geschehen.
Wie grimm der Sturm auch tobt und tost,
du wirst nicht untergehen.
Und ob du littst gleich Not und Tod,
noch in der Hölle wird dein Gott
ohn Wandel bei dir stehen.

Du heißt ein Christ. So halte fest!
Denn Gott ist gar nichts gleiche.
Acht, dass die Hand den Pflug nicht lässt,
vom Ziel den Blick nicht weiche!
Hier dient man, wahrlich, nicht um Lohn,
und dennoch gilt's, dass Kranz und Kron
dein Herr am End dir reiche!

Du heißt ein Christ. Bedenk es wohl !
Du trägst den schönsten Namen.
Dich traf ein Ruf, und darum soll
dein Jawort nie erlahmen.

Gott ist dein Herr durch Jesus Christ.
Bedenk, dass du sein Eigen bist
jetzt und auf ewig, Amen.

Nachfolge

Christ, du hast mein Herz gewonnen
und mit Freud erfüllt.
Licht ob allen Sonnen,
Brunn ob allen Bronnen,
du hast allen Durst gestillt.

Lange irrt ich wie verloren
durch die Fremde hin,
seit du mich erkoren,
ist wie neugeboren
und verwandelt Herz und Sinn.

Gott war tief in Nacht verborgen,
Nacht ist nun erhellt,
und nach Sünd und Sorgen
steht ein neuer Morgen
leuchtend über meiner Welt.

Ordne mich in deine Geleite,
Christ, in deine Schar,
zeig mir Ziel und Weite,
und mach hier und heute
meine Augen hell und klar!

Lass mich dich, Herr Christ, verkünden,
wo man dich nicht kennt!
Wollst ein Feuer zünden
und uns all verkünden,
dass durch uns dein Feuer brennt!

Trauung

Wir stehn vor deinem Angesicht,
und wolln, Herr, deinen Segen.
Wir bitten: Lass dein göttlich Licht
hell leuchten unsern Wegen!
Aus deinen Gnaden leben wir
mit allem, was wir haben.
Wir beugen uns im Dank vor dir,
dem Geber aller Gaben.

Du hast uns so viel Guts getan
und täglich neu bereitet,
hast uns von Mutterleibe an
gar wunderbar geleitet
und schenkst, dass keines einsam sei,
uns heute eins dem andern,
rufst uns zur Ehe, dass wir zwei
fortan zusammen wandern.

Aus deiner Hand, Herr, nehmen wir
einander froh entgegen,
wenn wir die Hände nun vor dir
fest ineinander legen.
Lass unsern Bund uns stark und rein
in Lieb und Treu bewahren!
Wollst selbst bei unsrer Wegfahrt sein,
dass wir dein Hilf erfahren!

Nach deinem Willn in unserm Stand
hilf uns das Werk vollbringen
und lass uns beide Hand in Hand
bis hin zum Himmel dringen!
Schließ uns die ewigen Pforten auf,
o Herr, nach diesem Leben!
Wollst dort uns nach vollbrachtem Lauf
den Kranz des Lebens geben!

Ehe

Im Urgrund deiner Ewigkeiten
hast du, o Schöpfer, vorgesehn,
es sollt in dieser Welt Gezeiten
der Mensch an eines Menschen Seite,
mit ihm beschenkt, durchs Leben gehn.

So schufst du jene heilige Nähe,
die engste, die's auf Erden gibt,
schufst deinen Kindern, Herr, die Ehe,
dass sie sich tief in Lust und Wehe
nun lieben, so wie du geliebt.

Und wo sich Mensch und Mensch gefunden,
ein Leib in, ach, so flüchtiger Zeit,
wird's heiß von Herz zu Herz empfunden:
Du, Schöpfer, selbst hast uns verbunden
im Urgrund deiner Ewigkeit!

Choral zur Hausweihe

Herr, hüt dies Haus, das wir errichtʼ,
gib deinen Schutz und Segen!
Wir sind des Hauses Herren nicht.
Du, Gott, bist unsre Zuversicht.
An dir ist alles gelegen.

Kein Mensch baut für die Ewigkeit,
doch giltʼs das ewige Leben!
Drum sei jed Räumlein dir geweiht,
tagaus, tagein und alle Zeit
jed Herz drin dir ergeben!

Lass, wieʼs zu Werk, Mahl, Ruh und Rast
die Väter fromm gehalten,
uns stets vor dir, du Herr und Gast,
vor kargem Brot auch, trotz der Last,
zum Dank die Hände falten!

Hab, Gut, wir nennenʼs Eigentum,
ist, Gott, vor dir nur Lehen
und muss wie Gras und Wiesenblum
samt Menschenehr, Kunst, Macht und Ruhm
verwelken und vergehen.

Drum lass nach dem, was doch verweht,
uns nicht mit Sorgen eilen
und nie vergessen, ehʼs zu spät,
dem Hungrigen, der draußen steht,
das täglich Brot zu teilen!

Mach dein uns froh bei Nacht und Tag
in Freud und auch trotz Leiden
und lass beim letzten Stundenschlag
aus Haus und Welt nach Müh und Plag
uns, Herr, getrost auch scheiden!

Haussspruch

Ob steinern Haus und holzen Dach,
Herr Gott im Himmel, gnädig wach!
Wir baun ein irden Hütt und Zelt,
du schaffst und hältst die ganze Welt.
Drum halt in deiner Hand und Hut
auch unser zeitlich Hab und Gut.

Und in dem Haus hüt jedermann,
weil niemand selbst sich hüten kann.
Halt fern den Feind, dem Unfall wehr,
ein' starken Schutz stell um uns her.
Bewahr in all und jeder Not.
Halt uns im Leben und im Tod.

Und in des Hauses Ingesind,
Herr, jed Gewissen an dich bind.
Gleich als dein gülden Wohngemach
halt jedes Herz dir hell und wach.
So hüt uns ganz in dieser Zeit,
behüt uns auch in Ewigkeit!

Der Kranke

Zum ersten Mal im neuen Jahr
grüßt mich die helle Sonne,
und überwältigt ganz und gar
trink ich ihr Licht voll Wonne,

wend in ihr Glühen mein Gesicht,
den Leib, mein ganzes Wesen,
und weiß: Ich werd im starken Licht
der Sonne nun genesen.

Und irrt mein Herz, müsst bald und ganz
mein Leib ins Finstre sinken,
wollt selig ich den schönen Glanz,
solang ich hier bin, trinken,

und wüsste: Durft ich so viel Licht
mit irdischen Augen sehen,
werd ich vor Gottes Angesicht
im Lichte ewig stehen.

Wie oft ist, Tod, dein Antlitz mir begegnet!

Wie oft ist, Tod, dein Antlitz mir begegnet!
Du schufst dem Kind die erste große Not,
wardst dann dem Manne wie das täglich Brot,
und immer hat dein Anblick mich gesegnet.

In Todes Antlitz ist mir Gott begegnet,
der Schöpfer, der durch Tod und Leben reißt,
den auch im Sterben sein Geschöpfe preist
und der durch Tod und Sterben uns noch segnet.

Ich weiß es wohl: Ich bin ein Schüler nur,
wo Gott sein Werk mit fremden Lettern schreibt,
und folge Gottes und des Todes Spur

mit tiefen Schauern, oft mit Angst und Grauen,
und kann doch anders nicht als dem zu trauen,
der auch im Tode seine Wunder treibt.

Bei einem Toten

Nun deckt dich stille Totenruh
mit ihrem seltsam dunklen Licht
und ihren lichten Schatten zu
und zeigt verwandelt dein Gesicht.

Du bist es noch und doch nicht mehr,
der durch die Jahre mit uns schritt.
Mich dünkt, es sei schon lange her,
seit hier dein Herz noch stritt und litt.

Erhaben schön, wie ohne Zeit,
geborgen ganz in großer Hut,
so liegst du da, nun tiefst befreit,
und sprichst umhüllt von Ewigkeit:

Wie alles war, so war es gut.

Mensch und Tod

Der Mensch:

Vorüber geh! Lass ab von mir!
Geh weiter, Tod! Ach, lass mich hier!
Ich bin noch jung! Mein Mund blüht rot!
Und leben will ich, leben, Tod!
Will Liebe, Lachen, Lust und Licht,
will blanken Leib und hell Gesicht!
Mein Sehnen ward noch nicht gestillt!
Mein Werk hab ich noch nicht erfüllt!
Ich will, ich muss noch vieles tun!
Ich will, ich kann noch lang nicht ruhn!
Drum schon mich, Tod, du Feind, fahr hin!
Ach, Tod, dein Tun ist ohne Sinn –

Der Tod:

Schweig! Weil du doch ein Mensch nur bist!
Du siehst und denkst, was irdisch ist.
Kennst du das Ziel? Weißt du den Sinn?
Was starrst du irr auf dich nur hin?
Hast, kleiner Mensch, du Gottes Wacht
und Gottes Allmacht nie bedacht?
Er ist der Herr, sein ist das Recht!
Auch ich, der Tod, bin Gottes Knecht,
bin nicht aus mir, ich bin gesandt,
bin Gottes Arm, bin Gottes Hand.
Und immer ist, was Gott auch tut,
im Sinne Gottes recht und gut.

Die Welt ist deiner Wunder voll

Gedichte zur Schöpfung

Unergründlich

Viele Wunder birgt das Leben,
keines, das ihm selber gleicht.
Wie viel Schleier sich auch heben,
bis zum Grund kein Auge reicht.

Nur Geheimnis ist das Leben,
schön und schrecklich. Ohne Wahl
bin ich selbst ihm hingegeben,
seiner Lust und seiner Qual.

Und erschüttert und erhoben
schau ich täglich wieder an,
was ich, tief hineinverwoben,
nie, ach, nie begreifen kann.

Mag euch vieles leicht erregen,
eurer Tage Lust und Not –
Mich will eines nur bewegen:
Leben nur, Geburt und Tod!

Frühling

Nun hebt in allen Landen
ein wundertiefes Werden an.
Das Licht ist hell erstanden
und weckt die Welt aus Schlaf und Bann.
Des Sonnensangs Getöne
erfüllt das ganze, weite All,
durchdringt mit reiner Schöne
auf Erden wieder Berg und Tal.

Das ist die alte Weise,
die mir seit je das Herz bezwingt:
wenn aus dem Himmelskreise
das Licht durch alle Räume schwingt.

186

Dann find ich vor dem Raunen
der großen Schöpfung schier kein Wort,
kann stammeln nur und staunen
vor so viel Wunder fort und fort

und kann im Geist nur reden
mit dem, der allen wohlgetan,
und seinen Namen beten,
den niemand je ergründen kann.
Dann schwingt mein Herz gelassen,
mein Leben, sich dem Ewigen ein.
Dies Herz muss ohnemaßen
im Schöpfer Gott geborgen sein.

Birken im Frühling

Dunkel stehn noch Baum und Strauch
kahl nach Winterweise.
Um die Birken nur spielt leise
schon ein grüner Hauch.

Kühl wehn über braches Feld
noch die herben Winde,
doch der Fühling drängt nun linde
in die dunkle Welt,

treibt mit starker, stiller Macht
aufwärts neues Leben,
dass die grünen Schleier schweben
um die Kronen sacht.

Ahnst du, wie mein Herz es sieht,
dieses Grün im Grauen?
Ach, es möchte gern vertrauen,
dass ihm gleich geschieht!

Sonett an die Bäume

O dass ihr seid, ihr Bäume, stiller Wald!
Ich denk's beglückt, erstaunt wie lange schon.
Geheimnisvoll erstehn euch Stamm und Kron,
Gelaub und Frucht in Wundern der Gestalt

aus Kern und Keim. Mit sanften Zwangs Gewalt
steigt ihr empor, genährt aus dunklem Bronn,
strebt auf zur Höh, ins Licht gen Stern und Sonn
die Erdkraft wandelnd tief und mannigfalt.

Der Erde treu, dem Himmel zugetan,
in Stürmen fest, gelassen, stark und still
und Fürchte schenkend ohne Maß und Zahl –

so seid ihr Bild, draus ich den Schöpfer ahn,
der uns sein Herz hier offenbaren will.
Er sprach durch euch zu mir schon viele Mal.

Margeriten

O dass ihr noch blühet, ihr leuchtenden Sterne,
mit goldener Krone im strahlenden Kranz!
Ihr kindlich Geliebten, wie trinke ich gerne
mit durstigen Augen den köstlichen Glanz!

O lautere Lichter voll himmlischer Klarheit,
vom Kinde geahnt an den Pforten der Welt!
Es beugt sich, ergriffen von göttlicher Wahrheit,
mein Herz vor dem Licht, das das Dunkle erhellt!

Disteln

Distelgrund ist karger Grund,
dürre Trift und steinicht harte Weide,
und der Disteln silbriges Geschmeide
macht doch hohe Wunder kund,

spiegelt milde Sonn' und Stern
in der herben Schönheit harter Blüte,
anders wohl, doch minder nicht die Güte
Gottes, des gelobten Herrn.

Distel trägt und Dorn das Land?
Schilt es nicht! Lern nur sein Maß verstehen,
und mit Staunen wird dein Auge sehen
Liebe hin zur Welt gewandt.

Ginster

Am Wegerain und Wiesensaum
leucht' wie die Sonne hell und hold –
ein sommerfroher Blütentraum –
der Ginster licht wie lauter Gold.

Welch Gottesspiel! Wie wundersam
hat hier in Schöpferhand ein Hauch
auf kargem Grund und steinigem Damm
erweckt den kahlen dürren Strauch!

Und der die Ruten ausersehn
zu goldner Zier dem weiten Land –
der säh dich nicht in Trauern stehn,
wie einst den Ginsterbusch im Sand?

Versteh's! Es will der goldne Schein,
der deine Augen froh entzückt,
ein Widerschein der Liebe sein,
die deine Armut längst erblickt.

Wegwarten

Am Weg, selbst grau wie Staub,
steht ihr Wegwarten da,
herb, ohne Blatt und Laub,
dass ich kaum Ärmeres sah.

Doch Gott vergaß euch nicht.
Wo wär, was Gott nicht liebt
aus dem aus seinem Licht
er nicht ein Leuchten gibt?

Drum schuf euch himmlisch blau
Gott Blüten, Stern bei Stern.
Ihr blüht in Staub und Grau
und doch zum Lob des Herrn.

Bergblumen

Hoch im Gebirg, in Trümmern des Gesteins,
nah Eis und Schnee, in Sonnenglut und Wind,
sah ich euch blühn so farbensatt wie keins
all der Gewächse, die in Tälern sind.

Der Grund ist karg, der eure Wurzeln trägt,
oft Krume kaum des Erdreichs, das ernährt,
und Grüblein nur, drein sich ein Sam' gelegt,
der enge Raum, der kärglich Schutz gewährt.

Ja, karg gespeist, im Wetter kaum bewahrt,
so blüht ihr dort, weit über Tal und Feld,
und tragt an euch als Gnaden sondrer Art
ein Leuchten doch wie Licht aus andrer Welt.

Und musst du Mensch wie dort am Berge stehn,
wie preisgegeben, arm in Glut und Wind –
Gott ist dir nahe, will in dir sich sehn,
wie dort die Blumen seine Spiegel sind.

Der Bach

Der Bach treibt seine Wasser fort
und rauscht bei Nacht und Tag,
drängt weiter stets von Ort zu Ort
mit jedem Wellenschlag.

Kam gestern vom Gebirge wild,
rinnt sachter heut zu Tal
und läuft doch immer ungestillt
zur Tiefe ohne Wahl.

Und fließt im Strome breit und schwer
dem letzten Abgrund zu
und mündet morgen fern im Meer
und findet endlich Ruh.

Red' ich vom Bach, der stürzt und treibt
vom Fluss, der rastlos fließt,
vom Strom, der nirgends ruht und bleibt,
bis er ins Meer sich gießt?

Ach, Herz, du weißt wohl Bild um Bild
und kennst des Treibens Not;
bist du's doch selbst, das drängt und quillt,
und fern das Meer ist Gott.

Herbst

O sterbend Jahr, du rufst uns tröstlich auf
zur Totenfeier in dein festlich Haus
und schüttest nun, eh du vollbracht den Lauf,
buntfarbne Pracht gleich mächt'gen Feuern aus!

Kein Tag der Zeit kommt dem an Schönheit gleich,
den tief der Tod schon unters Joch gebeugt.
Nicht Frühling, Sommer blüht so farbenreich,
wie glühend nun der Herbst zum Tod sich neigt.

Herz, dir zu Trost gab Gott der Wälder Glut,
lässt sterbend Jahr er hoch in Schönheit stehn!
Gott liebt und schafft, und der hier Wunder tut,
lässt dich gewiss nicht nur im Staub vergehn.

Was weiß der Baum, was ihm von Gott geschieht?
Er lässt geschehen, was der Schöpfer will.
Du siehst dich nicht, mein Herz, wie Gott dich sieht.
Halt nur in Demut der Verwandlung still!

Der Baum

Wie bist du schön, du blätterkahler Baum,
mit deinen Wundern, Zweigen und Geäst,
stehst hoch und herb und feierstill im Raum,
ja, immer schön, auch wenn das Laub dich lässt!

Mit tausend Armen reichst du wunderlich
zum tiefen Grund, lebst dunkel, ohne Sicht.
Mit tausend Armen greifst du über dich
mit Stamm und Krone in das große Licht.

Die grauen Nebel

Die grauen Nebel hängen schwer
in kahlen, dunklen Bäumen.
Der Herbst, der Herbst, er lastet sehr
ringsum in allen Räumen,

nimmt aus der Welt das schöne Licht
der Sonne und der Sterne,
verschließt vor unserm Angesicht
die farbenfrohe Ferne.

Das Laub, einst grün, dann goldne Zier,
muss gnadenlos verderben.
Vom feuchten Grund klagt's dir und mir
sein unbegriffnes Sterben.

Und in mir mit nicht mindrer Not,
da ihm doch gleich geschehen,
beklagt mein Herz den bittren Tod,
das dunkle Los Vergehen.

Du klagst, mein Herz? Ach, gib dich drein!
Muss alles sich erfüllen!
Herbst, Nacht und Tod – es muss so sein
um neuen Lebens willen.

O Land in winterlicher Ruh

Nun wartet schon in Winterruh
das weite Land. Wohl deckt noch nicht
der Schnee die dunklen Äcker zu,
doch in dem winterfahlen Licht,

im rauhen Reif und Nebelhauch
auf tiefgepflügtem Ackerfeld,
im blätterkahlen Baum und Strauch
geht schon das Warten durch die Welt.

Das Warten. Ach, mein Herz, du weißt
um allen Wartens tiefe Not,
du weißt, du weißt, was Warten heißt,
weißt's wie die Nacht, weißt's wie der Tod,

weißt, Herz, wie bang die Einsamkeit
auf Liebe wartet immerzu.
O Land in winterlicher Zeit,
wie wartest du, wie wartest du!

Unverloren

Ein Stäublein, klein im Staube,
im Licht ein schwacher Schein,
ein Blatt verloren im Laube –
das muss der Mensch wohl sein.

Ein Tröpflein nur im Meere,
ein Hauch in Sturm und Wind,
ein Korn im Ährenheere –
das bist du, Menschenkind,

bist nichts, hast nichts zu geben –
was gäb hier Wert, Gewicht? –,
hast nur dein kleines Leben,
und das verstehst du nicht.

194

Da stehst du ganz alleine,
fragst, klagst und siehst dich um,
und Meer, Licht, Laub, Staub, Steine,
sie alle bleiben stumm.

Und doch geht Gottes Walten
duch all und jedes hin!
Wie stündst du nicht gehalten,
du Mensch, da mittenin?

Und wärst du Staub im Staube,
nur Schein im großen Licht,
nur Tropf im Meer – o glaube,
dein Gott verliert dich nicht!

Einfältige Sternschau

O wie lieb ich dich zur Nacht,
lichtes Sterngefunkel!
Dringst in meine Kammer sacht
tief ins nächtige Dunkel

als ein Gruß aus andrer Welt
ungeahnten Räumen,
freundlich mir zur Wacht bestellt
über Schlaf und Träumen.

Und noch immer wie ein Kind
staun ich in die Ferne,
und es birgt mich lieb und lind
Gott, der Herr der Sterne.

Und ich weiß nichts mehr zu tun,
kann's ja doch nicht fassen,
als in seinem Schoß zu ruhn
und mich ihm zu lassen.

Gestirnter Himmel über mir

Ich seh am Firmamente droben
die Sterne künden deine Macht.
Wie tags dich hell die Himmel loben,
so rühmt dich nun das Heer der Nacht.

Und preisen dich die großen Mächte
und beten deine Weisheit an,
ach, gönn es deinem ärmsten Knechte,
dass er dich rühme, wie er kann!

Nicht steh ich mit den hohen Kündern,
du Herr der Welt, um deinen Thron,
fern knie ich mit den armen Sündern
im Staub als dein verlorner Sohn.

Du webst, Herr, in der großen Stille
unheimlich, herrlich, wie du bist,
und schaudernd spür ich, dass dein Wille
ob aller Welt nur Liebe ist.

Sterne

Schneegewirbel rings. Es schneit
lauter weiße Sterne.
Schöner Schmuck der Winterzeit
schenkt sich nah und ferne.

Still schau ich den Flocken nach,
all den Schneekristallen,
die da lautlos und gemach
aus dem Himmel fallen

und mit Wundern dicht bei dicht
rings den Raum erfüllen
und die Erde leicht und licht
in ein Leilach hüllen.

Da – im dichten Flockenfall –
schreckt mich's aus den Träumen:
Sonnen seh ich, Ball um Ball,
hoch in Himmelsräumen,

wie die Schneekristalle hier
durch die Lüfte wehen,
unbegreiflich mir und dir
ihre Bahnen gehen.

Sterne, Sterne überall,
zahllos große, kleine – –
über Sternenbahn und -fall
aber Gott, der Eine!

Mensch im All

Kommen, Gehn, Geburt und Tod,
rings das All der Sterne –
und wir sehn, verstrickt in Not,
Rätsel nah und ferne.

Leben, Tod und Auf und Ab
ohne Wahl und Wissen –
alles wird vom Schoß ins Grab
ohne Halt gerissen.

Und je mehr der Blick erschaut,
wachsen rings die Weiten;
alles dehnt sich, dass uns graut,
in Unendlichkeiten.

Und in Ohnmacht stehn wir hier,
klein und immer kleiner,
und mit Schaudern fragen wir:
Hält uns nichts und keiner?

Tief im Staub und stumm im Schmerz
liegen wir alleine – –
Da spricht Gott: Ich weiß dein Herz,
birg es in das meine!

Sterne über dem Meer

Unter dem funkelnden Kranze
ewiger Sterne der Nacht
halt ich im goldenen Glanze
einsam die heimliche Wacht.
Unter dem glitzernden Reigen
hoch an dem dunklen Gezelt
atmet in mächtigem Schweigen
friedsam die taglaute Welt.

Dunkel in feiernder Stille
liegt auch wie schlafend das Meer.
Seltsam in leuchtender Fülle
spiegelt's das himmlische Heer.
Schimmerndes Auge der Erde,
Wasser, du Spiegel der Welt,
bist du des Himmels Gefährte,
fernen Gestirnen gesellt!

Herz, in unendlicher Ferne
liegst du wie Erde und Meer.
Siehe, die ewigen Sterne
wandern am Himmel daher,
senden in nächtiger Stunde,
Seele, ihr leuchtendes Licht!
Siehe, im dunkelsten Grunde
spiegelt sich Gottes Gesicht!

Abend im Gebirge

Nun fand der Tag sein End und Ziel.
Das Tal deckt schwarz und schwer die Nacht.
Die Berge ragen feierstill
wie hohe Wächter auf der Wacht.
Und fern am dunklen Himmel hin
ziehn Mond und Sterne stumm die Bahn, –
wir wissen nicht, woher, wohin,
und sehn sie doch mit Freuden an.

Wir kennen von dem Lauf der Welt
nur einer Fährte matte Spur,
und was uns alle trägt und hält,
wir ahnen's ganz von ferne nur.
Wir spüren nur den großen Sinn,
ein übermächtiges Gebot,
und sehn uns staunend mittenin, –
umschlossen, lebend und auch tot.

Und ob auch vieles uns bedrängt
seit je und heut an diesem Tag,
viel größer ist, der uns umfängt
seit je bei jedem Herzensschlag.
Wir können, ruft die Nacht zur Rast,
nichts anderes und nichts Besseres tun,
als still mit aller unsrer Last
in Gottes Armen auszuruhn.

Er mach uns seiner selbst gewiss
und sänftige der Erde Schmerz,
und mitten in der Finsternis
werd stark und fröhlich jedes Herz!
Und schenkt nach Ruh und Schlaf der Nacht
Gott neu des Tages Licht und Schein,
woll er auch selbst zu Hut und Wacht
als Herr und Helfer bei uns sein!

Bescheidung

Du greifst, ein Kind, nach Sonne, Mond und Sternen
und dünkst dich, jung, schier Herr der Welt zu sein.
Du träumst dir eigen weite, goldne Fernen
und stehst, wie bald, doch bettelarm allein –
und suchst zur Rast für Herz und Haupt die Hütte,
weil du zur Nacht nicht Weg und Ziel mehr weißt,
und bist beglückt, erfüllt sich dir die Bitte,
dass hier ein Herz dich noch willkommen heißt.

Kinderlied

Mein Schöpfer Gott, ins große All,
in ungemessne Ferne,
warfst du die Welten, Ball um Ball,
Sonn, Erd und alle Sterne.

Mit eines Fingers kleinstem Wink
erschufst du Welt und Weiten,
und deiner Augen Blick und Blink
mag sie in Ordnung leiten.

So läuft durch Gott ein jeglich Ding
den Weg in Wunderweise
in kleinem Ring, in großem Ring,
in allergrößtem Kreise.

So läufst auch du, du Menschenkind,
in vorbedachten Bahnen,
und wenn sie auch verborgen sind,
du darfst sie dennoch ahnen.

Vertrau dich dem, der dich erschuf!
Lern danken, loben, lieben!
Die Welt, erweckt duch Gottes Ruf,
ist immer sein geblieben.

Das Tier

So sagt der Mensch vom Tiere: nur ein Tier!
Es schaut herab aufs Tier als das Geringe
und nützt und wertet wie die toten Dinge,
was doch beseelt und lebt gleich mir und dir.

Ihr seid Geschöpf, Gefährten, Brüder mir.
Wir sind in Gott als in dem gleichen Ringe,
in einer Hand, in gleichen Schicksals Schlinge,
in Tod und Leben, ach, die Gleichen hier.

Mir war's Gewinn, Geschenk, euch anzuschauen
in euerm Dasein, euerm Sein zu Gott,
in Freud und Leid, in Liebe, Lust und Tod,

und immer neu lern ich, trifft euch mein Blick,
sehn und verstehn die Welt und mein Geschick,
das tiefe Graun und – dennoch – das Vertrauen.

An alle Kinder

Was hat euch Kindern denn das Tier getan,
dass ihr es schlagt und jagt mit Stein und Stecken?
Ist's nicht genug der Leiden und der Schrecken,
die keine Hand auf Erden tilgen kann?

Sahn euch nicht Augen stumm, wie flehend an?
Konnt Schönheit, Würde nicht der Blick entdecken,
nicht Schwermut, Trauer euch das Herz erwecken?
Eint Tier und Mensch nicht gleichen Schmerzes Bann?

Weh, dass ihr quält, statt euch beglückt zu freuen
an all den Wundern, die der Herr gegeben,
der Gott der Schöpfung, allen seinen Kindern!

Uns ward zu Lehn als Brüdern gleiches Leben,
und kein Geschöpf sollt uns nur fliehn und scheuen!
Helft Leben schützen und helft Leiden mindern!

Einem jungen Mädchen

Die Welt ist deiner Wunder voll,
du Schöpfer ohne Maßen!
Kein Wort, das sie beschreiben soll,
kann Werk und Wunder fassen.
Ich find Geheimnis überall
und muss in Rätseln ohne Zahl
dich, Ewiger, wirken lassen.

Ich seh mit Lust die Sonne glühn,
der Sterne goldene Funken,
seh all die Blumen leuchtend blühn,
bin schier vor Schönheit trunken,
seh traurig all die Pracht vergehn,
doch staunend wieder neu erstehn,
was welk im Staub versunken.

Und im Geheimnis mittenin
seh ich mein eignes Leben,
weiß weder Was, Woher, Wohin,
spür nur das große Weben
und ahn: Es wird mir Brot und Not,
des Lebens Tag und Nacht und Tod
nicht unversehns gegeben.

Begreif ich nicht die große Welt,
und mag mir manchmal grauen,
wirk alles, Gott, wie dir's gefällt,
und lass mich dir vertrauen
und in den Wundern ohne Zahl
und im Geheimnis überall
ins große Herz dir schauen!

Anbetung

Du füllst den Himmel und das Meer,
die Erde und das Sternenheer,
du trägst das All, wohnst allem ein,
sein letzter Sinn und tiefstes Sein.

Und alles kreist nach dein'm Gebot,
du wirkst im Leben und im Tod,
und was geschieht, dient deinem Plan,
dem Gut und Bös gleich untertan.

Und alles preist dich, Gott, den Herrn,
die Sonn, die Erd, der fernste Stern,
die Blumen, Tier und Menschenkind,
die dein Geschöpf und Diener sind.

Und weil ich leb und web und bin,
gebettet in den ewigen Sinn,
preis ich dich auch, du großer Gott,
preis dich im Leben und im Tod.

Ich werde bedrängt, aber nicht erdrückt

Begegnungen und Bekenntnisse

Premor non opprimor

Der Türsturz trägt, nun schon geschlechterfort,
des Hauses Last, tief unters Joch gebückt.
Jahrhundertlang, geruhsam, unverrückt
zeugt er von Kraft, Geduld und Treue dort.

Der einst das Haus erbaut an diesem Ort,
sah sinnend wohl den Stein, bewegt, beglückt.
„Ich werd gepresst und werd doch nicht erdrückt" –
zur Inschrift gab er fromm ihm dieses Wort.

Der treulich trägt der Mauern schwere Last,
ward Gleichnis hier zu Trotz und Trost und Trauen:
Wirst du von Leid, Angst, Not und Tod umfasst,

lass, gottgefügt, dich Drangsal nicht verrücken,
und lern und leb, was hier in Stein gehauen:
Ich werd bedrängt, doch soll mich nichts erdrücken!

Die Bibel

Welch Buch, an dem Jahrtausende geschrieben!
Was wissen wir von Namen, Zeit und Zahl?
Und die da schrieben, schrieben ohne Wahl,
von Gott ergriffen und vom Geist getrieben,

sind Menschen stets der Welt, des Volks geblieben,
Prophet, Hirt, Herr, mit Priester –, Königsmal,
arm, reich, gelehrt und schlicht, aus Zelt und Saal –
und keiner schrieb nach eignen Geists Belieben.

So ward das Buch. Es gibt nicht seinesgleichen.
So irdisch-göttlich ist kein Buch wie das.
Das Herz der Welt schlägt laut in allen Seiten –

dein eignes Herz! Gott schaut's. Die Schleier weichen,
und du siehst Gott seit je ohn Unterlass
voll Macht und Gnade durch die Schöpfung schreiten.

Der Messias

Ach, dass er käme, aller Wirrsal Ende,
den Gott erwählt zu Heil und Frieden, er,
brächt Sieg und Freiheit als ein mächt'ger Herr
und riss sein Volk aus seiner Feinde Hände!

So schrie das Volk, bracht seiner Opfer Brände,
jahrhundertlang mit brünstigem Begehr
Erlösung flehend aus viel Leids Beschwer,
Gott drängend, eifernd, dass es Gnade fände.

Und als er kam und Gottes Werk getan
und sie ihn fragten, sprach er still: Ich bin's! –
Da stand die Welt. Nur Engel fuhren nieder.

Sie aber schrien: Ans Kreuz, ans Kreuz hinan!,
und höhnten frech, gottblind und irren Sinns. –
So ist's geschehn, geschieht auch immer wieder.

Gleichnis

Herr Christ geht übers Ackerfeld,
er wirft den Samen in die Welt.

Die Saat ist gut. Der Wurf ist gleich.
Der Same ist das Wort vom Reich.

Manch Körnlein holt ein Vogel fort,
manch Hälmlein überm Stein verdorrt,

und manches unterm Dorn erstickt,
und keins den Tag der Frucht erblickt.

Nur, was in gutes Land gelegt,
das wächst und reift und Früchte trägt.

Und du? Bist du wie Weg so hart?
So unstet? In die Welt vernarrt?

Raubt dir der Feind das Wort, das Korn?
Stirbt's unter Sorgen, Glut und Dorn?

Bist du dem guten Lande gleich,
drin wächst und reift das Wort vom Reich?

Herr Christ geht übers Ackerfeld
und sät das Wort ins Herz der Welt.

Die Sünderin

Da stand das Weib, des Todes sichre Beute.
Im Ehbruch fand und griff auf frischer Tat
man nun die Frau, die längst in aller Stadt
hieß Hure, Dirne im Geschrei der Leute.

In Todgier kläfft, des Recht gewiss, die Meute.
Auf Schuld steht Blut – was braucht's da weitren Rat?
Wir stein'gen den, der sich versündigt hat,
durch Wort, durch Tat mit Lust wie eh noch heute.

Er aber spricht, der Gottes Ordnung lebt,
dess' Herz, dess' Hände ohne Makel rein:
Wer sündlos ist, der werf den ersten Stein! –

Noch steht umringt das Weib. – Dann steht's allein. –
Blieb keiner da, der noch den Stein erhebt. –
So spricht der Herr: Liebt! Richtet nicht! Vergebt!

Verlorener Sohn

Das ist ein wunderlich Gewähren,
das uns von dir, Gott, widerfährt!
Wir sind doch alle nur mit Schwären
in lauter Lumpen heimgekehrt.

Wir meinten alle, eitle Toren,
wir fänden ohne dich das Glück,
und haben dich und uns verloren
und kamen bettelarm zurück.

Und in den vielen Erdenjahren
ist keiner, der das nicht erfuhr.
Und das nur ward als Glück erfahren:
nach Hause eine Wegespur!

Und dass wir täglich uns verlieren,
du aber wartest Tag und Nacht,
Verlorene in dein Haus zu führen –
das ist es, was mich staunen macht.

Hättst du verstoßen zu den Knechten,
gedroht, uns wäre wohl geschehn,
du aber küsst die Ungerechten –
und das kann nie ein Geist verstehn.

Dein Zorn, der wäre süß gewesen
und lind der Tod aus deiner Hand,
doch dass der Heilige liebt den Bösen,
geht über jeglichen Verstand.

Und noch der letzte Schein von Größe,
versteckt, verwahrt, ein armer Raub,
erstirbt –, und nur noch Nackheit, Blöße,
stürz ich hinunter in den Staub.

Der Prophet

Schier sichtbar hat ihn deine Hand erfasst,
riss ihn hinweg von Freunden und Verwandten,
aus aller Erde festgefügten Banden
und lud ihm auf der Gottheit schwere Last.

Du heißt ihn gehn, gönnst kaum ihm Ruh und Rast,
den du ergriffst zum Rufer allen Landen,
und ob ihn schlugen, die ihn nicht verstanden,
du hältst und zwingst, den du berufen hast.

Er ist dein Knecht und darf nichts andres achten.
Was ihn bezwingt, wird seines Dienstes Kraft.
Er glüht und brennt in ungeheuren Feuern.

Er ist der Mensch, dem Seel und Leib verschmachten
und der, verzehrt von Qual und Leidenschaft,
begehrt, für dich die Erde zu erneuern.

Der Priester

Wo Ewigkeit und Zeit sich still begegnen,
im heil'gen Raum, da dienst du am Altar,
bringst Gott das Opfer, bringst dich selber dar
und hebst gesegnet deine Hand zum Segnen.

Du zeugst von Gnaden, die vom Himmel regnen,
das Land zu feuchten, immer, Jahr um Jahr,
und sagst das Wort, das schon vor alters war,
der Ordnung treu, den Sanften und Verwegnen.

Wo du auch wirkst, verhalten ist dein Wort,
dein Tun gelassen und dein Gang gemessen
in Gottes Dienst an Guten und an Bösen.

Du hütst die Glut, und durch die Zeiten fort
trägst du das Licht, bewahrst es vorm Vergessen,
übst heil'ge Zucht durch Binden und durch Lösen.

Der Arzt

Du bist ein Arzt. Das heißt: Du bist gesendet!
Vom Herrn der Welt, der seine Werke schaut,
ist dir des Heilens hohes Amt vertraut,
drin zum Geschöpf sich mild der Schöpfer wendet.

Was Gott erschuf, im Leben ward's vollendet,
als Gott das Starre mit sich selbst betaut.
Doch was sein Geist in Schöpferlust erbaut,
es ward entzweit, durch dunkle Schuld geschändet.

Du heißt ein Arzt. So trägst du Gottes Leiden
am Leib der Welt als sein Berufner mit,
kämpfst Gottes Kampf um Leben trotz dem Tod.

Wen Gott beladen, der muss vieles meiden.
Nur der kann helfen, der selbst hilflos litt
und stündlich lebt aus Gnade, ganz aus Gott.

Schwestern

Bei Tag und Nacht seh ich euch Schwestern schreiten,
geschäftig stets, rasch, doch gelassen eilen
durch Gang und Flur, der Zimmer lange Zeilen,
von Bett zu Bett, was Not ist, zu bereiten.

Vom Dienst erfüllt sind ganz des Tags Gezeiten,
und immer gilt's, was krank, will's Gott, zu heilen,
noch Zeit zu finden, hier und da zu weilen,
die Kunst des Arzts stets hilfreich zu begleiten.

Seltsames Amt, das ihr begehrt, erwählt
und das euch fordert, ganz, in jeder Not
mit starkem Sinn, ihr Frau'n, und stillen Mienen!

Gott gibt dies Amt, und ihm sind zugezählt,
die Leben retten, das er schuf, der Gott,
die ihn, Gott, lieben und dem Nächsten dienen.

Meinem Vater

Ich sah als Kind dich ernst des Weges gehen.
Du warst wohl einsam, wie ich's heute bin,
sah dich versunken, oft mit stillem Sinn
mit einem Buche an dem Fenster stehen.

Das hab ich oft in deiner Hand gesehen,
das Lied der Väter, vor des Werks Beginn.
Ein Kirchenlied trug durch den Tag dich hin,
und altes Wort ließ neu dir Guts geschehen.

So sah ich's oft, doch ahnt ich nur von ferne
als Kind die Not, der Worte Trost und Kraft.
Das Bild blieb gleichwohl fest in mir bestehen.

Nun muss ich selbst längst schwere Wege gehen,
und wie zum Brot greif ich zum Liede gerne,
weil es nun mir, wie dir, die Hilfe schafft.

Meiner Schwester

Nun hat der Tod dich jäh hinweggenommen,
du schöne Blume, aus dem vollen Leben.
Wir stehn erschrocken und mit tiefem Beben
vor deinem Antlitz, drin das Licht verglommen.

Eh wir's gedacht, ist dir die Nacht gekommen.
Die dunklen Schwingen uns zu Häupten schweben.
Und in das Dunkle wir die Augen heben
und fragen schaudernd, fragen tief beklommen.

Und keine Antwort kommt aus jener Welt.
Das große Schweigen hüllt uns alle ein,
die wir noch blühn und die der Tod gefällt.

Das große Schweigen und – der große GOTT!
Und laut im Schweigen redet ER im Tod,
im Leben: Sieh! Ich liebe! Du bist mein!

Meinen Töchtern

Dir ist, mein Kind, dein Vater kaum bekannt.
Er war dir nah in frühen Kindertagen.
Dann hat der Krieg ihn von dir fortgetragen,
und Jahr um Jahr weilt er in fremdem Land.

Ich weiß, die Mutter hat mich dir genannt
und hört nicht auf, vom Vater dir zu sagen.
Sie gibt dir Antwort auf dein kindlich Fragen
und hütet still der Liebe schönes Band.

Wir wissen nicht, ob wir uns wieder sehen,
und bleib ich draußen, nun, wie Gott es will,
doch stehst du je vor meinem Bilde still:

Du siehst mich einsam meine Wege gehen,
das Herz oft schwer von ungesagter Not,
und doch getrost; dein Vater glaubt an Gott!

Tröstung

Wo bliebe einer von uns allen,
hielt nicht ein andrer unverwandt,
wo wir auch weilen, gehn und fallen,
uns gnädig fest mit starker Hand!

Und sagt es nie ein Wort zu Ende,
ist dennoch unser Herz gewiss,
dass nichts der Hut der Gotteshände
uns je entreißt, nichts je entriss!

Ich bin kein Dichter, will kein Dichter sein

Ich bin kein Dichter, will kein Dichter sein,
und schreib ich dennoch meine Verse nieder,
so sind's der Einfalt und der Armut Lieder,
und dem ich schreibe, ist nur Gott allein.

Gott spricht sein Wort nicht anders in mich ein
als in die andern, in die Schar der Brüder.
Weil Gott das Licht ist, spiegelt es sich wider
nun auch in mir – ein kleiner, schwacher Schein!

Ich bin ein Mensch nur, den sich Gott ergriff,
mit dem er rang um Seele, Leib und Leben,
der ihm entlief und den er wieder rief

in Schuld und Schicksal, Kampf und Not und Tod.
Nicht Künstler bin ich, nur ein Mensch vor Gott,
der stammelnd kündet, was ihm Gott gegeben.

Ausschütten wollt ich mein Herz

Ausschütten wollt ich mein Herz,
ausschütten Liebes und Leides,
das mich erfüllte – ja, beides
ausschütten: Freude und Schmerz.

Immer wie feurige Glut
brennt mir's im innersten Grunde,
drängt mir's vom Herzen zum Munde
stark wie die strömende Flut.

Aber, was tief mir vertraut
brodelt im Abgrund der Seele –
sprang mir's im Wort von der Kehle,
war's nur ein stammelnder Laut.

Der Sinn des Betens

Der Sinn des Betens liegt doch nicht im Reden,
in heißen Worten, die den Gott beschwören,
nicht in den vielen, die mit Lärm betören –
nein, wenn wir betend vor sein Antlitz treten,

verwandelt sich das menschlich arme Reden,
es wird zum Lauschen, Schweigen, wird zum Hören,
und wie in Krüge aus den Brunnenröhren
das Wasser quillt, so, wenn die Beter beten,

aus ew'gem Urgrund kommt ein Strom gegangen
und wird empfangen, immer nur empfangen
von ihrer Armut, von den leeren Händen.

Sie sind Gefäß, das Gott mit Leben füllt,
und werden Täter, die, ob auch verhüllt,
der Welt, den Brüdern Gottes Segen spenden.

Kleines Trostlied

Wenn's um dich nachtet, sei nicht bang!
Gottes sind auch die Nächte!
Und wär's ein langer, dunkler Gang,
Gott kennt die dunkelsten Schächte.

Und wenn dein Herz vor Jammer weint,
als wär dir alles zerbrochen,
Gott hat, ob auch kein Fünklein scheint,
„Es werde Licht!" gesprochen.

Und hörst und siehst und weißt du nichts,
liegst tief in Asch und Staube,
weiß doch um dich der Herr des Lichts
und ist dir nah. Herz, glaube!

Getroste Verzweiflung

Um Tod und Leben, Welt und Gott
kreist allzeit all mein Sinnen,
doch konnt ich mir trotz vieler Not
die Antwort nicht gewinnen.

Und was ich fragte einst als Kind,
es blieb das gleiche Fragen,
und immer wieder muss ich blind
das dunkle Leben wagen.

Und was ich je zuletzt erkannt,
war kein vernünftig Wissen,
ich sah nur eines Abgrunds Rand,
an dem wir glauben müssen,

und rief in tiefer Qual und Not
das heilige Wort der Alten;
ich schrie verzweifelt: Gott, mein Gott! –
und fiel – und ward gehalten.

Letzte Bitte

Bin ich einst tot, vielleicht ist's balde schon,
sagt über Sarg und Grab nicht dies und das,
sagt nur das Wort mir vom verlornen Sohn,
den seines Vaters Liebe nicht vergaß.

Sagt mir das Wort, das schönste, das es gibt:
dass Gott dem Ärmsten noch entgegeneilt
und ihn umfängt und küsst, weil er ihn liebt,
sagt, dass die Liebe allen Jammer heilt.

Ihr seid in Gott, in Liebe – unverloren!

Die Weihnachtsmadonna von Stalingrad

Arno Pötzsch berichtet 1944 über seinen Freund Kurt Reuber und das von ihm zu Weihnachten 1942 für seine Mitsoldaten in Stalingrad gezeichnete Bild von der Mutter mit dem Kind, das später als „Weihnachtsmadonna von Stalingrad" berühmt wurde:

„Am Heiligen Abend 1942 bereitete der Oberarzt Dr. med. lic. theol. Kurt Reuber seinen Kameraden im Kessel von Stalingrad eine eigenartige und eindrucksvolle unvergessliche Weihnachtsfreude, die ihnen zugleich zu einer starken Hilfe wurde. Als die Männer den notdürftig gegen Kälte und Geschosse geschützten Bunker zur einsamen Weihnachtsfeier unter den Schatten des Todes betraten, standen sie wie gebannt, andächtig und ergriffen schweigend vor dem Bild einer Mutter, die im weiten Mantel ihr Kind birgt. Dieses unter vielen Mühen mit Kohle auf die Rückseite einer großen russischen Landkarte gezeichnete Bild Dr. Reubers wurde bald die 'Weihnachtsmadonna von Stalingrad' genannt und ist unter diesem Namen bereits weithin bekannt geworden. Das Bild ist aus dem Kessel herausgekommen, der, der es schuf, ist mit den vielen in Stalingrad geblieben, verschollen."

Arno Pötzsch, der im Hause des vermissten Freundes später selber ergriffen vor diesem Bild stand, hat eine Reihe von Gedichten dazu geschrieben, von denen hier die beiden ersten Sonette „Vor der Weihnachtsmadonna von Stalingrad", das Gedicht „Die Mutter Gottes von Stalingrad" und das Sonett „Vor dem Selbstbildnis" (seines Freundes Kurt Reuber) abgedruckt sind. Diese Texte nehmen Bezug auf eine schwere Zeit und ausweglose Situation der Vergangenheit, sprechen aber mit ihrem Dennoch-Trost eine zeitlose Sprache auch in unsere Gegenwart hinein.

Das Buch von Erich Wiegand „Kurt Reuber – Pfarrer, Arzt und Maler" berichtet Näheres, auch über die Freundschaft mit Arno Pötzsch.

Vor der Weihnachtsmadonna von Stalingrad

I

Voll Lebenshoffnung und voll Todesahnung
das gleiche Herz – so haust ihr in den Trümmern –
und immer fragend: Will sich keiner kümmern
um uns und eines Wegs und Auswegs Bahnung?

Da ward ein Bild im Bunker euch zur Mahnung.
Ob auch in Nächten kalt die Sterne flimmern,
die sonst wie milde unsrer Hoffnung schimmern,
schöpft aus dem Bilde nun des Lebens Ahnung!

Aus Gottes Liebe ist das Kind geboren,
durch Liebe nur ward Weihnacht in der Welt,
so wie aus Liebe einst die Welt erschaffen,

und Liebe bleibt trotz Blut und Tod und Waffen
der Grund der Welt! Und ob der Leib zerfällt,
ihr seid in Gott, in Liebe – unverloren!

II

Vor denen, die verlassen und verloren
im höll'schen Kessel wie Verfluchte wachten,
das Herz zerbrannt vom Feuer vieler Schlachten,
verstummt, vereinsamt, schon dem Tod verschworen,

erstand das Bild vom Kinde, das geboren
in stiller Nacht, und die es schauten, dachten
der großen Wunder, die das Leben brachten,
als Gott die Erde durch das Kind erkoren.

Mit heißen Augen tranken sie es ein,
sie, die es wussten, dass sie sterben müssen,
und nun erkannten, dass sie leben sollen,

und reicher Trost sank in ihr Herz hinein,
eh ihre Leiber unter Kugelgüssen
im Trümmerfeld der Festung sind verschollen.

Die Mutter Gottes von Stalingrad

Die Mutter Gottes von Stalingrad
weilt heut bei den deutschen Soldaten.
Sie hat in der eisigen Winternacht
der russischen Steppe sich aufgemacht,
die Frau und die Mutter voll Gnaden.

Die Mutter Gottes von Stalingrad
besucht heut die Ärmsten der Armen.
Sie hocken in Trümmern in bitterster Not,
nur einer ist nahe, und das ist der Tod;
da will sich die Mutter erbarmen.

Die Mutter Gottes von Stalingrad,
sie kommt durch die eisigen Winde
in Hütten und Höhlen, sie findet sich ein
und lässt sich dort nieder im kärglichen Schein,
die Frau mit dem himmlischen Kinde.

Die Mutter Gottes von Stalingrad
sitzt still bei den Jungen und Alten.
Und den Männern weiten die Augen sich groß,
sie schauen die Mutter, das Kind ihr im Schoß,
und sachte die Hände sich falten.

Die Mutter Gottes von Stalingrad –
o hört doch, jetzt singt sie ganz leise!
Den Männern klingt es wie Heimat und Licht.
Da löst es sich heimlich im starren Gesicht.
O Wunder der göttlichen Weise!

Die Mutter Gottes von Stalingrad,
im weiten Gewande geborgen –
was seh ich? Jetzt breitet den Mantel sie aus!
Jetzt spricht sie: Kommt alle, ich bring euch nach Haus,
ich will euch, die Mutter, versorgen!

Die Mutter Gottes von Stalingrad,
jetzt legt sie auf alle die Hände.
Da stillt sich der Kummer, das Leid und der Schmerz,
da füllt sich mit Frieden das einsamste Herz,
wird fröhlich und still bis ans Ende.

Die Mutter Gottes von Stalingrad,
die weiß um unsägliche Schmerzen;
sie kennt allen Jammer, sie weiß alle Not,
und tausendmal, tausendmal litt sie den Tod,
sie trug doch ein Kind einst am Herzen!

Die Mutter Gottes von Stalingrad –
so kam sie, die Mutter voll Gnaden,
zu den Ärmsten der Armen in heiliger Nacht,
weil die Mutter noch immer des Ärmsten gedacht,
sie kam zu den deutschen Soldaten.

Die Mutter Gottes von Stalingrad,
aus Liebe vom Himmel entboten,
sie hat sie gesegnet in schauriger Welt,
in Gräben und Gruben, in grausigem Feld,
die Lebenden und auch die Toten.

Vor dem Selbstbildnis

Erschüttert schau ich dieses Bildnis an,
in dem du selbst, mein Bruder, dich bezeugst
und klaglos still doch jenes Grauen zeigst,
das ihr durchschrittet, alle, Mann für Mann.

Ich stehe ganz in dieser Augen Bann.
Was sahn die Augen? Ach, ich weiß, du schweigst!
Ich weiß, mein Bruder, dass du stumm dich beugst
dem dunklen Gott, der Tod und Leben sann.

Du bist verschollen in den Finsternissen,
allein dein Antlitz kam zu uns zurück
und sucht und zwingt für immer unsern Blick,

zwingt ihn nach innen, dass wir's da erfassen:
Auch wo wir schrein "Hast du mich, Gott, verlassen?",
hat Gott uns sterbend an sein Herz gerissen!

Kurt Reuber, Selbstbildnis

Die Amsel singt im Fliederbaum

Hinterlassene Gedichte

Abendlied

Die Amsel singt im Fliederbaum.
Die Wolken ziehn geschwinde.
Der Tag ging hin, wir wissens kaum.
Der Abend kommt gelinde.

Und stiller wird es nah und fern,
geht alles schlafen, schlafen.
Am Himmel blinkt der erste Stern.
Die Welt ruht wie im Hafen.

Nur du, mein Herz, findst keine Ruh
in Nächten und an Tagen.
Du seltsam Herz musst immerzu
ins Ungemessne fragen.

Und sehnst dich noch in Schlaf und Traum
und fändest gern den Hafen.
Nun schweigt das Lied im Fliederbaum.
Will alles, alles schlafen.

Altjahrsende

Das Jahr vergeht. Wir stehn am Tor.
Wir starren in das Rätsel Zeit,
sind mittendrin und stehn davor –
voll Hunger nach der Ewigkeit.

Erschüttert schauen wir dem nach,
was uns geschah an Glück und Not,
was wir gebaut und was zerbrach
in Schuld und Schicksal, Kampf und Tod.

Das Jahr – wars mehr als Vogelflug,
den eilends nur ein schneller Wind
gar flüchtig durch die Räume trug,
darin wir Menschen Gäste sind?

Uns schaudert vor dem Meer der Zeit,
das um uns brandet, uns bedroht,
ein Unmaß von Vergänglichkeit,
die Zeit – ein Meer vor lauter Tod.

Wir strecken unsre Hände aus,
der Sterblichkeit gewaltger Chor.
Ein Schrei bricht aus der Welt heraus
und drängt zu Gottes Welt empor.

Wir greifen nach der Ewigkeit,
nach Leben, das kein Tod vertreibt.
Wir hungern nach Geborgenheit,
die mitten im Vergehen bleibt.

Herr Gott, das alles bist nur du,
der Fels im Meer, der Grund, der trägt.
Du bist der Gott, der immerzu
den Mantel bergend um uns schlägt.

Du bist die Zuflucht ganz allein,
der Zeiten Herr, unwandelbar.
Wir fliehn zu dir und gehn hinein
an deiner Hand ins neue Jahr.

Ausfahrendes Schiff

Da fährst du, Schiff, nun hin in dunkle Nacht
mit tausend Lichtern, aus dem Strom ins Meer
und trägst an Bord der Dinge schwere Fracht
und, größere Last, manch Herz, vom Abschied schwer.

Es ist das alte Lied, das alte Leid,
säumt Scheiden, Abschied doch den Weg der Welt.
Viel dunkle Schwermut starrt in Raum und Zeit;
trotz tausend Lichtern wird sie nicht erhellt.

Die Liebe nur kann Band und Brücke sein
zu Volk und Land und zwischen Herz und Herz.
Doch weil sies ist, trägt Liebe, tiefst allein,
der Sehnsucht herben, bittersüßen Schmerz.

Das schwere Leben

Schweres Leben, schwerer Tod,
Dasein voller Schwere,
immer ist mein Herz voll Not,
wie sichs wend und kehre.

Immer, ob das Licht ihm scheint,
ob im Dunkel nachtet,
ob sichs Irdischem vereint
und nach Ewgem trachtet,

ob sich Liebe ihm gewährt,
Glück es wild durchzittert,
ob ihm Leiden widerfährt
und es tiefst erschüttert –

immer ist dies Herz voll Not,
dass die Hände beben,
immer, ach, vom dunklen Tod
und vom schweren Leben.

Die blaue Blume

Auf kargem Grund in steingen Höhn
sah ich die blaue Blume stehn.
Mir war, ich hätt so farbenschön
noch keine Blume je gesehn.

Ein Glanz, so tief und erdefern,
sah mich hier an, so stark und klar.
Es war, als wär hier Sonn und Stern,
der ganze Himmel offenbar.

Da kniet ich mich zur Erde hin,
zu schaun das tiefe, stille Licht,
und sah im Kelche mittenin
im Spiegel Gottes Angesicht.

Die blaue Stunde

Des Sommertags erhaben blaue Stunde –
stets wirst du neu vor meinem Blick erstehn:
Die Sonne sank, und rings in großer Runde
war Berg an Berg in tiefem Blau zu sehn.

O welch ein Bild, von Ewigkeit umhaucht!
Vereint ist nun, was Licht des Tags zerspellt.
Weit wie ein Meer, in dunkles Blau getaucht,
dehnt sich der Berge einsam-große Welt.

Denkst du, mein Herz, der Feier jener Stunde,
da Abend ward und dich der Tod gemahnt,
vergiss es nicht, wie du in blauer Runde
aus dunkler Schönheit Gott, den Herrn, geahnt!

Flieg, Möwe, flieg!

Flieg, Möwe, flieg!
Flieg weit übers Meer, flieg weit übers Land,
so weit, wie der Himmel die Erde umspannt!
Dir wuchsen die Schwingen,
im Wind dich zu heben,
die Ferne zu zwingen,
ins Weite zu schweben.
Flieg, Möwe, flieg übers Meer, übers Land!
Flieg, Möwe, flieg!

Flieg, Seele, flieg!
Flieg weit übers Meer, flieg weit übers Land,
so weit deine Sehnsucht die Räume umspannt!
Dir wuchsen doch Schwingen,
dich hoch zu erheben,
ins Weite zu dringen
zu lichterem Leben.
Flieg, Seele, flieg übers Meer, übers Land!
Flieg, Seele, flieg!

Gang am Meer

Ich geh des Wegs am Meer entlang.
Es rauscht mir dumpf zur Seite.
Und um mich her ist Windgesang
und große graue Weite.

Ein Segel zieht dort still vorbei.
Den Augen scheints wie Schweben.
Zum Möwenflug lässt schriller Schrei
den Blick mich sinnend heben.

Ich geh ihn oft und lieb ihn sehr,
den Gang, die See zur Seite.
Dann jauchzt mein Herz: Das Meer, das Meer –
und schwingt in Gottes Weite.

Mir ist, Gott müsst zuerst im All
ob Meer und Gipfeln thronen.
Und ich könnt nicht im engen Tal,
nein, nur im Weiten wohnen.

Herbst

Golden geht das Jahr zu Tal,
und in buntem Laube
eingefangner Sonnenstrahl
leuchtet überm Staube,

leuchtet in die Sterbenot
dieser dunklen Tage,
dass ich glaube noch im Tod
und zu hoffen wage.

Golden geht das Jahr zur Ruh;
schön noch im Vergehen,
ruft mirs lichte Wunder zu:
Leben, Auferstehen.

Herbstlich Laub, du köstlich Bild,
glanz- und glutbeladen,
herbstlich Laub, du lehrst mich mild
meines Sterbens Gnaden!

Geborgenheit

Wo wir uns gar verlassen wähnen,
steht Gott doch ohne Wandel da.
Wenn wir uns einsam ängsten, sehnen
im Dunkeln und dem Abgrund nah,
ja, wenn wir ganz verloren sind,
sind wir doch Gotts Geschöpf und Kind,
und Gott weiß Not und Tod und Tränen.

Eh dieser Welt Gestirne waren,
sann Gott den Sternen Ziel und Lauf.
Er führt sie, ihn zu offenbaren,
großmächtig durch die Nacht herauf.
Wie sollte, der in Welten denkt,
das All beschenkt und alles lenkt,
nicht alles gnadenreich bewahren?

Wohl wissen wir nicht Gottes Willen.
Wann wüsst ein Kind des Vaters Plan?
Gott birgt sich ein in tausend Hüllen,
doch wo er geht, ist licht die Bahn,
und was mit Weisheit, Lieb und Macht
Gott je für sein Geschöpf bedacht,
muss sich zu ewgem Heil erfüllen.

Und scheints, als ob im Wind verhallen
Gebet und Schrei – wohl dem, der glaubt!
Gott ist nicht ferne von uns allen,
und niemand ist, der uns ihm raubt!
Wir leben, weben, sind in Gott
mit Los und Leid, Schuld, Not und Tod –
und nichts kann Gottes Hand entfallen!

Im Gebirge

Zum Berg bin ich emporgestiegen
und sah nur Berge um mich her,
sah Gipfel mir zu Füßen liegen,
aus Stein ein ungeheures Meer.

Ich lief auf einsam stillen Pfaden,
eh noch der Tag das Licht gebracht,
durch Felsgeklüft, auf hohen Graten
bis an den Abend, bis zur Nacht

und sah das Nahe und die Ferne
und blieb erschüttert vielmal stehn,
hab alles, Sonne, Erd und Sterne,
wie neu geschaffen hier gesehn.

Und aus der Berge großem Schweigen
sprach mächtig Gottes Ewigkeit,
und wie schon oft beim Bergesteigen
ward Leib und Seele mir befreit.

Nacht

Ich schreite durch die Nacht,
in die von keinem Sterne
auch nur ein Schimmer fällt.
Doch hatt ichs kaum bedacht,
da hat schon in der Ferne
der Himmel sich erhellt.

So ist, du Menschenkind,
der Weg dir oft verhangen,
dass dir das Herz schier bricht.
Doch eh du's dachtest, sind
die Sterne aufgegangen –
und deine Nacht wird licht.

Ostern

Wenn alle Welt nun Ostern hält,
des Herren Auferstehungstag,
dann feir' ich mit der ganzen Welt,
mit der ich einst im Grabe lag.

Nicht weiß ich, was voreinst geschah,
und frage nach Vergangnem nicht.
Doch eines weiß ich: Gott ist nah,
der Grab und Tod auch heute bricht.

Sternfreude

Ihr lieben goldnen Sterne,
ich hab so manche Nacht
vor eurer lichten Ferne
im Dunkeln hier gewacht

und sah und sann ins Weite,
kam nicht vom Staunen los,
sah Gott im Sternenkleide,
verhüllt, unsagbar groß,

und ward mir selbst zum Staube,
ohn Maß und ohn Gewicht –
und doch wuchs mir ein Glaube
vor all dem großen Licht.

Dies Licht, im All zerstoben
ohn Maß und ohne Zahl,
wie hats mein Herz erhoben
vom Staub so viele Mal!

Der sich in Sternenkreisen
unendlich herrlich denkt
und sich in Wunderweisen
in seiner Schöpfung schenkt,

hat wohl, wie dort der Ferne
auch meiner hier gedacht
und lenkt wie euch, ihr Sterne,
auch mich durch Weltennacht!

Tod

Ich habe oft an dich gedacht,
o Tod, mit Herzerzittern und mit Trauern,
oft auch mit seligbangen Schauern
entsank mein Blick in deine große Nacht.

Hab nach des Lebens Ende oft gefragt,
und unablässig tastete mein Geist
nach jener Grenze, die man Sterben heißt.
Und keiner war, der mir die Antwort sagt.

Doch diesmal bricht der Augenblick herein,
was weiß ich heut, ob selig oder bang,
da steh ich auf der Grenze schmalem Gang
und werd vom Tod im Tod erst wissend sein.

Zeittafel zum Leben von Arno Pötzsch

23. Nov. 1900	Als zweites Kind seiner Eltern in Leipzig geboren. Sein Vater ist Angestellter und Verkäufer, seine Mutter Krankenschwester.
1915	Lehrerseminar in Bautzen, Abbruch der Ausbildung wegen Krankheit. Vergeblicher Versuch, Zeichenlehrer zu werden.
1917	Der Vater stirbt im Alter von 63 Jahren und hinterlässt eine unversorgte Familie
ab 1917	Arbeiter in einer Granatenfabrik, Kriegfreiwilliger bei der Marine, Fahrzeit an Bord eines Kriegsschiffes
1918–1920	Kriegsende, Revolution, Landarbeiter, Religionsseminar in Leipzig, Lebenskrise
Folgezeit	Rettende Kontakte zur Brüdergemeine Herrnhut, Leben in Herrnhut bei Familie Winter, Erzieher in Kleinwelka
1925	Mittlere Reifeprüfung (das „Einjährige") in Bautzen
1925–1927	Missions- und Bibelschule Herrnhut mit Abschluss
1927–1928	Erneut Erzieher in Kleinwelka (für Stipendium)
1928–1930	Besuch des Sozialpädagogischen Frauenseminars in Leipzig mit Abschluss, Tätigkeit in den Wohlfahrtsämtern Zittau und Leipzig sowie als Gerichtshelfer in Halle, Jugendamt-Fürsorger in Görlitz und in Leipzig (jugendliche Erwerbslose)
Sommer 1930	Ehe mit Helene Bosse, Fürsorgerin in der Blindenfürsorge und Inneren Mission in Leipzig. Dem Ehepaar werden später vier Töchter geboren: Kathrin, Christiane, Sabine und Renate.
	Reifeprüfung am Gymnasium für Hochbegabte
1931	Anerkennung als Fürsorger
1930–1934	Hebräisch-, Griechisch- und Latein-Prüfung, Studium der Evangelischen Theologie an der Universität Leipzig, nach 8 Semestern 1. theologisches Examen
Frühjahr 1935	Die erste Pfarrstelle im sächsischen Wiederau/Ephorie Rochlitz, 2. theologisches Examen
1936	Ordination zum Pfarrer in Wiederau
Januar 1938	Vom evangelischen Feldbischof Dr. Dohrmann für die Wehrmachtsseelsorge benannt und als Marinepfarrer in das Standortpfarramt Cuxhaven mit Helgoland berufen, in der Cuxhavener Garnisonkirche auch Gottesdienste und Amtshandlungen für die Zivilgemeinde übernommen
1939–1945	Zweiter Weltkrieg
1940	Nach Einmarsch der Deutschen in Holland zum Stabe eines Marinebefehlshabers kommandiert, Dienstaufsicht führender Marineoberpfarrer in den Niederlanden und z.T. in Belgien. Aufgabenbereiche: Gottesdienste, Beerdigungen, Begleitung von zum Tode Verurteilten, Schriftwechsel mit den Hinterbliebenen, Gefängnis- und Lazarettbetreuung
	Wegen der Bombardierungsgefahr kehrt die Familie nach Wiederau zurück und findet anschließend bis zum Kriegsende eine Bleibe in Goslar.

1941–1942	Erste vertonte geistliche Gedichte unter dem Titel „Singende Kirche" in drei Heftfolgen
1945	Nach dem Einmarsch der Engländer Internierung in Funnix/Ostfriesland, seelsorgerliche Aufgaben an den Internierten, ab Oktober seelsorgerliche Begleitung der Minenräumboote (ehemalige deutsche Marine unter englischem Kommando) an der Elbmündung und der Nordsee. Die gefährliche Arbeit dauert bis Ende 1947
1945-1952	Bei Nölke in Hamburg erscheinen die Sonette „Die Madonna von Stalingrad" und beim Evangelischen Verlag Herbert Reich in Hamburg die Gedichtbände „Brot ist Gnade", „Von Gottes Zeit und Ewigkeit", „Gottes Gabe täglich Brot", „Mensch in Gottes Fährte" und im Bärenreiter-Verlag in Kassel „Das Cuxhavener Christgeburtsspiel"
März 1948	Durch Landesbischof Schöffel als Gemeindepfarrer in der vertrauten Cuxhavener Kirche eingeführt, die ab 1950 den Namen Petri-Kirche erhält
Folgezeit	Neben dem Pfarramt Leitung des Evangelischen Hilfswerkes Cuxhaven, Bemühung um soziale Randsiedler und Flüchtlinge, „Weihnachtsfeier der Einsamen" am Heiligen Abend, Initiative bei der Errichtung der Kriegsgräber-Gedenkstätte auf dem Friedhof Cuxhaven-Brockeswalde und beim Ausbau des Soldatenfriedhofs
19. April 1956	Unerwarteter Tod im Alter von 55 Jahren nach einer Blinddarmoperation in Cuxhaven

Literaturverzeichnis

Werke von Arno Pötzsch:

Singende Kirche – Geistliche Gesänge,
        Den Haag 1941/1942
Die Madonna von Stalingrad – Sonette,
        Nölke, Hamburg 1945, 3. Auflage 1953
Brot ist Gnade – Tischgebete und Tischgesänge
        Herbert Reich Evangelischer Verlag, Hamburg 1946
Von Gottes Zeit und Ewigkeit – Worte und Lieder einer Wegfahrt,
        Herbert Reich Evangelischer Verlag, Hamburg 1947,
        4. Auflage 1958
Gottes Gabe täglich Brot – Tischgebete und Tischgesänge,
        Herbert Reich Evangelischer Verlag, Hamburg 1948,
        4. Auflage 1962
Das Cuxhavener Christgeburtsspiel,
        Bärenreiter-Verlag, Hamburg 1952, 2. Auflage 1955
Mensch in Gottes Fährte – Geistliche Gedichte und Lieder,
        Herbert Reich Evangelischer Verlag, Hamburg 1952,
        4. Auflage 1961
Gnade und Wagnis – Geistliche Gedichte und Lieder,
        Herbert Reich Evangelischer Verlag, Hamburg 1960,
        2. Auflage 1960

Sein Wort geht durch die Zeiten – Geistliche Lieder zum Kirchenjahr,
Geistliche Gedichte, Die Madonna von Stalingrad,
Verlag Junge Gemeinde, Stuttgart 1979, 3. Auflage 1982
(enthält die vorangegangenen Bände „Was Leben ist, weiß Gott
allein", „Dennoch in Gott geborgen" und „Wer kann's ergründen").

Literatur über Arno Pötzsch:

Samuel Rothenberg: Meinem Gott gehört die Welt, Seite 357-358
        Ich will dem Herrn singen, solange ich kann, Seite 358-360
        in: Wolfgang Heiner (Hrsg.): Bekannte Lieder – wie sie entstanden,
        Hänssler-Verlag, Neuhausen-Stuttgart 1979 (Dieses Buch soll im
        Herbst 2000 in völliger Neubearbeitung erscheinen)
Klaus Heiwolt: Arno Pötzsch – Leben und Werk.
        Wissenschaftliche Hausarbeit im Fach Hymnologie zur staatlichen
        Prüfung für Kirchenmusiker (A-Examen), Köln 1989
Susanne Brandt-Köhn: Vertonte Dichtung des Elbe-Weser-Raumes,
        Werke des Dichterpfarrers Arno Pötzsch in der Notenbibliothek
        Cuxhaven, in: Zwischen Elbe und Weser, Zeitschrift des Land-
        schaftsverbandes Stade, Jahrgang 9, Nr. 3/Juli 1990, Seite 5 und 6
Ursula Wanner: Das Leben von Arno Pötzsch und Jochen Klepper,
        in: Wegweisung und Aussprache. Mitteilungsblatt des
        Pfarrfrauenbundes Neuendettelsau, März 1993, Nummer 118, Seite
        7-13
Heinz Schäfer: Dichter und Sänger des Kirchenliedes
        Band V, Arno Pötzsch, Seite 99-101, St. Johannis Verlag,
        Lahr 1993
Detlev Block: Das Lied der Kirche – Gesangbuchautoren des
        20. Jahrhunderts.
        Meinem Gott gehört die Welt – Arno Pötzsch, Seite 11-54,
        St. Johannis Verlag, Lahr 1995
Evangelischer Sängerbund: Singen und Sagen
        Biografien-Verzeichnis der Dichter und Komponisten.
        Arno Pötzsch, Seite 122, Evangelischer Sängerbund e.V., Wuppertal
        1996
Dietrich Meyer (Hrsg.): Das neue Lied im Evangelischen Gesangbuch:
        Lieddichter und Komponisten berichten. Arno Pötzsch, Seite 215-218
        Archiv der Evangelischen Kirche im Rheinland, Düsseldorf 1996,
        2. Auflage 1997
Detlev Block: in: Wolfgang Herbst (Hrsg.):
        Handbuch zum Evangelischen Gesangbuch
        Band 2: Komponisten und Liederdichter. Arno Pötzsch,
        Seite 242-243
        Vandenhoeck & Ruprecht, Göttingen 1999
Beate und Winrich Scheffbuch: Dennoch fröhlich singen –
        So entstanden bekannte Lieder Band 2
        „Aus Grübeln und Zweifeln zum lebendigen Glauben – Arno
        Pötzsch", Seite 21-27 Hänssler-Verlag, Holzgerlingen 2000

Alphabetisches Verzeichnis der Lieder und Gedichte
(Titel mit Textanfängen)

Quellennachweis

Die Lieder auf den Seiten 47, 48, 54, 61, 63, 64 u., 78, 79 u., 80 o.,
81 u., 84, 86, 87, 88, 90, 91, 92, 98, 102, 113 u., 114 u., 119, 123,
128, 129, 133, 138, 144, 151, 152, 154, 161, 170, 172, 181, 186 o.,
187 u., 188, 189 o., 190 o., 191, 192 u., 193, 194 o., 197, 201 o.,
216 u., 218 u., 221, 222 und 224 sind entnommen aus: Arno
Pötzsch, Sein Wort geht durch die Zeiten, Verlag Junge Gemeinde,
3. Auflage 1982. Der Abdruck erfolgt mit freundlicher Genehmigung
des Verlages Junge Gemeinde, Leinfelden-Echterdingen.

Das „Lied der Diakonie" (S. 58) und das „Mittagslied" (S. 62)
drucken wir mit freundlicher Genehmigung des Carus-Verlages,
Stuttgart.

Der Abdruck der Lieder „Das Wort Gottes" (S. 50) und „Morgenlied"
(S. 60) erfolgt mit freundlicher Genehmigung des Hänssler Verlages,
Holzgerlingen.

Die Rechte für alle weiteren abgedruckten Lieder liegen beim
Rechtsnachfolger des Urhebers, vertreten durch den Verlag Junge
Gemeinde, Leinfelden-Echterdingen.